Hamlèt
(Prens Dànmak)

Trajedi pa William Shakespeare

Tradiksyon an Kreyòl Ayisyen pa
Nicole Titus

Trilingual Press / Près Trileng

Email: trilingualpress@tanbou.com

Konpozisyon tipografik:
David Henry, www.davidphenry.com

ISBN 13: 978-1-936431-19-9
ISBN 10: 1-936431-19-X

Library of Congress Control Number: 2014952283

Printed in the United States / Enprime nan Etazini

Premye edisyon : Oktòb 2014

Foto kouvèti a : Chato Kronborg, nan Dànmak kote yo te jwe pyès Hamlèt la (konpozisyon pa D. Henry).

Hamlèt

(Prens Dànmak)

Trajedi pa William Shakespeare

Tradiksyon an Kreyòl Ayisyen pa
Nicole Titus

Trilingual Press / Près Trileng
Cambridge, Massachusetts

Lòt liv pibliye pa menm otè a :
Other books by the same author:

Platon : Apoloji / Krito / Fedo (tradiksyon an kreyòl ayisyen, Edisyon Trilingual Press, 2012).

The Prisoner of Jacmel (yon pyèsteyat ann anglè, Edisyon Xlibris, 2005).

Akin To No One (yon woman ann anglè, Edisyon Xlibris, 2004).

Avanpwopo

William Shakespeare (Wilyam Chekspi) se yon dramatij (yon ekriven ki ekri pyès teyat) anglè ki te fèt nan Stratford-upon-Avon, yon vil ann Angletè, le 23 avril 1564. Yo pa konn anpil bagay sou anfans Shakespeare, eksepte yo gen dosye batèm li ki di l te batize le 26 avril, 1564. Li te twazyèm pitit John Shakespeare avèk Mary Arden, yon koup ki te fè uit pitit ansanm. William te al nan lekòl primè nan vil la gratis, paske papa l, nonsèlman l te gen komès ki fè gan an kui, men li te ekivalan majistra vil la. Nan lekòl la, William te aprann laten, ak grèk klasik, ki te fè pati etid kouran nan epòk sa a. Apresa, lòt dosye yo genyen sou Shakespeare se lisans maryaj yo te ba li an novanm 1582 pou l marye avèk Anne Hathaway, yon dam ki te gen sèt ou uitan an plis li. Maryaj la te pwodui twa pitit, Susanna, epi de jimo, yon ti fi, Judith, ak yon ti gason Hamnet, ki te mouri tou jèn. Apresa, Shakespeare kite Stratford, li ale a Lond kote li travay kòm aktè ak ekriven pyès teyat. An 1592 li te gantan etabli nan karyè sa a, e li te fè pati yon gwoup aktè ki te rele, Lord Chamberlain's Men (Gason Lord Chamberlain Yo), epi apre, li te manm yon lòt gwoup, King's Men (Gason Wa Yo), lè Wa James I te pran pouvwa a. Yo rele William Shakespeare yon « *Elizabethan* » (Elizabeten), paske li te fèt sou rèy Rèn Elizabeth I, ki te gouvènen Angletè de 1558 a 1603.

William Shakespeare te ekri pyès trajik ansanm ak pyès komik. Premye pyès teyat li sanble se te *The Comedy of Errors* (Komedi Erè), ki te ekri vè ane 1591. Apresa anpil lòt pyès vin suiv youn apre lòt. Pami èv li yo genyen, *Titus Andronicus* (Titis Andwonik), *The Taming of the Shrew* (Jan Yo Aprivwaze Yon Manmzèl Malelve), *The Two Gentlemen of Verona* (De Gason Lasosyete ki Soti Vewòn yo), *Love's Labor's Lost* (Travay Lanmou

Pèdi), *Romeo and Juliet* (Romeyo ak Jilyèt), *Richard II*, *Richard III*, *A Midsummer Night's Dream* (Rèv Yon Nuit ann Ete), *King John* (Wa Jan), *The Merchant of Venice* (Komèsan Veniz la), *Henry IV Pts I & II* (Anri IV pati I & II), *Much Ado About Nothing* (Anpil Bri Pou Anyen), *Henry V* (Anri V), *Julius Caesar* (Jil Seza), *As You Like It* (Jan Sa Fè ou Plezi), *Twelfth Night* (Lannwit Lèwa), *A Winter's Tale* (Yon istwa Ivè), *Hamlet* (Hamlèt), *The Merry Wives of Windsor* (Madanm Marye Kè-kontan Winnzò yo), *All's Well That Ends Well* (Tout Bagay Byen Ki Fini Byen), *Measure for Measure* (Mezi pou Mezi), *Othello* (Otelo), *King Lear* (Wa Li), *Macbeth* (Makbèt), *The Tempest* (Tanpèt La), *Anthony and Cleopatra* (Antwàn ak Kleyopat), *Coriolanus*, (Koriyolan), *Henry VIII* (Anri VIII), *Cymbeline* (Sibelin), *Troilus and Cressida* (Twalis ak Kresida), *Timon of Athens* (Timon ki sot Atèn), *Pericles* (Periklès), *The Two Noble Kinsmen* (De Moun Nòb ki Fanmi yo).

Nan pyès Shakespeare yo pi konnen e ki pi selèb yo ou a jwenn *Hamlet, Macbeth, King Lear, Othello, Romeo and Juliet*, ak *Richard III*. Yo konsidere William Shakespeare kòm moun ki ekri pi gwo èv pou teyat nan lemonn. Kwak Shakespeare te ekri powèm tou, tèlke *Venus and Adonis* (Venis ak Adonis), ak *The Rape of Lucrece* (Anlèvman Likrès), jeni li ak repitasyon li chita sou pyès teyat li yo. Non teyat kote l te konn monte pyès li yo te rele *The Globe* (Glòb La), yon teyat ki te bati nan Lond an 1599, akote larivyè Thames (Tamiz). Nan pyès li yo, Shakespeare te anplwaye, *Blank Verse*, yon liy vè pwezi ki konpoze ak vèsè ki pa rime (ki pa fini avèk menm son), e ki gen senk mezi yo rele *iambic pentameter* (ayanbik penntamitè). Anglè William Shakespeare te ekri *Hamlèt* ladan l lan se pa anglè modèn yo pale jodi a nan venteinyèm syèk la, men anglè ki te pale nan disetyèm syèk. Nan epòk sa a, se gason ki te jwe wòl fi nan pyès yo pase sosyete lè sa a pa t twouve se te bagay ki akseptab pou fi te jwe nan pyès teyat an piblik. Pami lòt moun ki t ap ekri nan menm epòk ak Shakespeare, lè pyès dramatik anglè t ap jwi yon *Renaissance* (Repran fòs lavi), te genyen Christopher Marlowe, Robert Greene, John Lyly, Thomas Kyd, George Peele, ki te kite mak yo sou teyat Lond lan tou. Gen moun ki save ki di se pa Shakespeare ki te ekri pyès teyat li yo, men lòt moun ki te pi prepare pase li tèlke Christopher Marlowe, oswa ekriven komik Ben Jonson, ki te bon zanmi Shakespeare, oubyen lòt ekriven ankò. Men pèsonn moun pa ka pwouve sa. William Shakespeare mouri jou 23 avril, 1616, menm dat jou pou jou ak mwa li te fèt la.

Premye fwa yo te jwe pyès teyat *Hamlèt l*a, se te an 1603. Se te yon gran siksè, e pyès la te trè popilè. Nan pyès la, Hamlèt se yon jenòm ki vle vanje lanmò papa li, Wa Dànmak, ki mouri nan kondisyon ki dwòl. Pou konplike sitiyasyon an, Manman Hamlèt, Jètrid, tousuit apre vin marye avèk frè Wa ki mouri a, Klodiyis, monnonk Hamlèt, ki pran pouvwa a kòm Wa Dànmak. Pwoblèm Hamlèt se jan li analize tout bagay, jan li fè anpil espekilasyon entelektyèl, men li aji lant pase l pa ka pran yon desizyon. Okòmansman Shakespeare te rele pyès teyat la : *Hamlet or Indecision* (Hamlèt Oubyen Endesizyon). Poukisa Hamlèt pa ka aji ? Premyèman, nan kòmansman pyès la, espri papa Hamlèt parèt ; li esplike l nan ki sans li mouri, e li mande Hamlèt pou vanje lanmò li. Hamlèt pwomèt pou l kouri vanje li ; men l ap mande tèt li èske se yon bon espri oswa yon movez espri ki parèt devan l nan, k ap chache antrene l nan malè ? L ap mande tèt li tou èske se vre monnonk li tiye papa l ? Kijan pou l fè pou l konnen kisa ki laverite ? Si l pran yon desizyon èske se yon bon desizyon ? Tout bagay sa yo ap dominen Hamlèt e ap travay tèt li. Lektè a va dekouvri tout repons sa yo. Oswa li va jwenn lòt kesyon ki soulve tou nan jan Hamlèt aji ak moun ki antoure l yo, espesyalman, Ofilya. Gen anpil, anpil bagay ki ekri sou entèpretasyon *Hamlèt*, pyès teyat la, ak sou Hamlèt, pèsonaj ki nan pyès la. Nenpòt kòman, *Hamlèt* kontinye enterese moun jis nan tan modèn nou an ; pèsonaj la konplike, li atiran, e yo kontinye jwe pyès la anpil jis jounen jodi a.

Shakespeare te pran lide pou pyès *Hamlèt* la nan yon sous ki te ekri anvan nan douzyèm syèk, *Historia Danica* (Istorya Danika), e ki te pibliye nan sèzyèm syèk la nan yon rekèy *Histoires Tragiques* (Istwa trajik). Jodi a *Hamlèt* tradui an plizyè lang, e yo ekri plis bagay sou *Hamlèt* pase sou tout lòt pyès dramatik ki ekri ann anglè. Gen plizyè tèks *Hamlèt* ; men tradiksyon *Hamlèt* mwen an baze sou tèks anglè Folger Shakespeare Library a.

Nòt tradiktè a

Mwen kontan dèske m kapab tradui *Hamlèt* an kreyòl ayisyen jodi a. Elèv lekòl, ansanm ak lòt moun ki li ak pale kreyòl, va kapab jwenn mwayen li èv kokenn chenn ekriven anglè sila a nan lang pa yo. Sa va anrichi konesans yo, epi li va ouvè pòt literati anglè a pi gran devan yo, yon bagay ki va rann konesans yo pi varye.

Genyen yon tradiksyon *Hamlèt* an kreyòl ayisyen otè Jan-Franns Gasyon ekri ki te soti an 2005. Liv la rele, *Amlèt : Trajedi youn nonm ki pa ka deside-l*. Se yon adaptasyon pyès teyat Shakespeare la ki dewoule ann Ayiti. Non pèsonaj yo chanje e se pa tout liy pyès Shakespeare la ki tradui, kwak Mesye Gasyon fè yon bon travay, e li byen soutni karaktè pyès la nan adaptasyon li an. Mwen te vle fè yon tradiksyon *Hamlèt* ki pli egzat nan sans mwen pa chanje ak retire anyen ladann. Se pa t yon bagay fasil.

Difikilte nan tradui Hamlèt :
Langaj Hamlèt

Pifò pyès teyat *Hamlèt* la ekri an *blank verse*, liy vè yo rele *iambic pentameter* (ayanbik penntamitè) ki genyen senk mezi, e ki pa rime. Pafwa menm, gen de gwoup liy ki fòme yon sonè, yon powèm ki gen katòz liy, e ki fini avèk yon kouplè liy ki rime. Yon egzanp sa se nan Ak I, fen sèn ii, dènye katòz liy li yo, kote Hamlèt ap pale avèk Horesyo. Bote ak konstriksyon liy sa yo fè pati de jeni Shakespeare. Nan tradui *Hamlèt* an kreyòl ayisyen li ta prèske enposib pou mentni siyifikasyon liy sa yo si m te eseye kenbe mezi a ak fòm powetik la. Konsa mwen chwazi suiv egzanp François-Victor Hugo, yon ekriven ki tradui *Hamlèt* an fransè, e mwen anplwaye pwoz, ki vle di jan moun abitye pale san pran kont de mezi ak rim. Se sa Jan-Franns Gasyon fè nan tradiksyon pa l la tou. Li te difisil tou paske senp tit tankou « *Lord* », « *Lady* », oswa « *Gentleman* » pa gen ekivalan yo an kreyòl. Jan-Franns Gasyon tradui « *gentleman* » lepisouvan kòm « moun debyen ». Pafwa mwen anplwaye tèm sa a tou, men lepisouvan mwen anplwaye tit « Jenòm Lasosyete ». Mwen suiv egzanp Gasyon lè m tradui « *Lord* », yon tit nòb anglè, kòm « Ekselans », yon tit ofisyèl ki anplwaye ann Ayiti, olye de « *Seigneur* », tit Hugo anplwaye an fransè a, men ki gen yon sans relijye ann Ayiti.

Mo ansyen

Anpil nan mo ak ekspresyon anglè Shakespeare te anplwaye pou l ekri *Hamlèt* yo pa anplwaye nan tan nou kounye a. Sa rann li difisil pou li *Hamlèt* menm pou moun ki pale anglè kòm lang matènèl yo. Mo ansyen sa yo, ansanm ak sèten ekspresyon ki vwale e ki pèdi izaj yo, mande anpil nòt pou esplike yo menm nan tèks anglè *Hamlèt* yo. Nòt ki nan *The Folger Library General Reader's Shakespeare* yo, tèks anglè mwen anplwaye pou tradiksyon m nan, ansanm ak *Merriam Webster's Collegiate Dictionary* te ede m anpil nan travay mwen. Malgre sa, gen de lè m te bat avèk kèk mo oswa kèk ekspresyon, kwak mwen gen Metriz mwen ann anglè e m te etidye Shakespeare nan inivèsite, anvan m te oblije pran yon desizyon apre anpil rechèch sou orijin mo yo. Yon egzanp yon mo ki chanje siyifikasyon lè Shakespeare t ap ekri se nan Ak V, sèn ii, kote Hamlèt ap pale ak Horesyo ; li di :

> *But, sure, the bravery of his grief did put me into a towering passion.*

Mo anglè « *bravery* » a jodi a vle di aksyon yon moun ki brav. Men nòt nan tèks anglè *Hamlèt* la di li vle di « *ostentation* ». An fransè Hugo tradui l konsa :
« *mais, vraiment, la jactance de sa douleur avait exalté ma rage jusqu'au vertige.* »
Apre rechèch sou mo « *jactance* » la, ki montre li vle di : yon atitid awogan, mwen deside tradui fraz la konsa :
« Men se sèten, gwo egzibisyon lapenn li an, te fè santiman m chofe depase lèbòn. »

Jwèt-ak-mo

Gen de pòsyon nan pyès teyat *Hamlèt* la tou ki genyen *jeux-de-mots* (jwèt-ak-mo) ladan yo. Sa vle di Shakespeare jwe avèk siyifikasyon mo yo. Li pran mo ki genyen yon sèten son oswa yon sèten siyifikasyon, epi li anplwaye yo yon jan, pafwa pou fè komik, gendefwa pou montre lespri li. Nan Ak V, sèn i, kote Hamlèt ap pale avèk peyizan k ap fouye fòs la, nou wè yon egzanp sa. Hamlèt mande peyizan an, « Mouche, poukimoun fòs sa a ye ? » Peyizan an di, « Pou mwen, Mesye ». Hamlèt di, « Wi li pou ou pase ou kouche (*lie* ann anglè) ladan l ». Apresa Hamlèt di li, « *Thou dost lie in't, to be in in't and say it is thine* ». Ki vle di « Ou bay manti nan sa… ». Ni vèb « kouche » a ni vèb « manti » a ekri menm jan e pwononse menm jan ann anglè, konsa Shakespeare jwe avèk mo yo :

Hamlèt : Mouche, poukimoun fòs sa a ye ?

Peyizan an : Pou mwen, Mesye.

Hamlèt : M kwè se pou ou li ye toutbonvre ; paske ou kouche *(lie)* anndan l.

Peyizan an : Ou kouche *(lie)* andeyò li, Mesye, konsa se

pa pou ou li ye. Kanta pou mwenmenm, m pa kouche (*lie*) anndan l ; malge sa li pou mwen.

Hamlèt : Ou bay manti (*lie*) nan sa ; pou anndan l epi pou di li pou ou. Se pou moun-mouri li ye, pa pou moun-vivan, konsa ou ap bay manti (*lie*).

Tout nyans sa yo kapab pèdi si yo pa fè lektè yo remake yo. Toujou gen bagay ki pèdi lè yo tradui yon lang nan yon lòt. Nenpòt ki lang yo tradui a, kit anglè vin nan kreyòl, oswa kreyòl vin nan anglè oubyen nan fransè, gen de ekspresyon ak mo ki pa gen ekivalan egzakt yo. Sa pa vle di lang kreyòl la pa gen ase mo pou tradui lòt lang ladan li. Se tousenpleman sa k rive nan tout lang. *Jeux-de-mots* (jwèt-ak-mo) sa yo pa kapab tradui mo pou mo si ou vle pou yo kenbe sans yo. Konsa mwen tradui yo selon sans fraz la, epi mwen mete nòt anba paj la avèk esplikasyon pou endike genyen yon jwèt k ap fèt ak mo yo. Jwèt sa yo bay pyès la yon kote komik ki rele ann anglè *comic relief*, ki bay yon okazyon pou pran yon ti repi nan mitan yon pyès ki trajik.

Sans Doub

Nan plizyè pyès teyat Shakespeare yo genyen sa yo rele ann anglè « *double entendre* », Sans Doub, ki vle di yon mo oswa yon ekspresyon ki kapab genyen de entèpretasyon, youn nan entèpretasyon yo, leplisouvan, genyen yon sans riske, chanèl, seksyèl, ki kache ladan li. Li difisil, la tou, pou kaptire sans mo sa yo lè ou ap tradui yo. Nou wè yon egzanp Sans Doub nan Ak III, sèn ii, kote Hamlèt ap pale avèk Ofilya :

Hamlèt : Madam, èske m ka kouche nan kuis ou ?

Ofilya : Non, Ekselans.

Hamlèt : M vle di mete tèt mwen sou kuis ou.

Ofilya : Wi, Ekselans.

Hamlèt : Ou te panse m t ap pale de bagay vilgè.

Ofilya : M pa panse anyen, Ekselans.

Hamlèt : Se yon panse natirèl pou lonje ant janm yon jèn fi.

Endesans

Genyen sa yo rele ann anglè « *Bawdiness* », endesans, tou nan Shakespeare. Nan menm sèn anvan an, Hamlèt ap kontinye pale ak Ofilya. Kèlke liy pita, nou jwenn endesans, sans doub, ansanm ak jwèt ak mo :

Ofilya : Ou kanpe, Ekselans, ou kanpe. (Ann anglè : *You are keen, my lord, you are keen.*)

Hamlèt : Sa ta koute ou yon rèl pou dekanpe mwen. (Ann anglè : *It would cost you a groaning to take off my edge.*)

Mwen pase anpil tan ap chache mo egzakt an kreyòl ki te kab kaptire nyans jwèt k ap fèt la a nan pawòl Hamlèt avèk Ofilya yo.

Olye de « Ou kanpe, Ekselans, ou kanpe… » mwen te vle tradui fraz la kòm « Ou file, Ekselans, ou file » ki ta kaptire sans mo anglè « *keen* » Shakespeare anplwaye a, ki vle di yon bagay ki pwenti, ki file, jan Hugo chwazi pou l tradui li an fransè : « *Vous êtes piquant, monseigneur, vous êtes piquant* ! » Men, pou mwen sa pa t ap kaptire sans pawòl yo. Sa Ofilya vle di Hamlèt se « Entelijans ou sou, Ekselans, entelijans ou sou ou ». Men, anmenmtan, Shakespeare entwodui yon entèpretasyon doub, chanèl, ki vle di « Ou sou sa, Ekselans, ou sou sa ».

Pou kontinye konvèsayon an, Hamlèt reponn li : « Sa ta koute ou yon rèl pou dekanpe mwen. » (*It would cost you a groaning to take off my edge.*) Mo anglè « groaning » la vle di « jemisman » an kreyòl, ki vle di « Fòk ou ta lage yon rèl pou wete m sou sa ».

Moun epòk Shakespeare yo, ki t ap asiste pyès teyat li yo, te konnen e te konprann siyifikasyon fraz sa yo. Sa te akseptab pou yo.

Gen konvèsasyon komik tou nan Ak V, sèn ii, ant Hamlèt ak Òzrik.

Fraz selèb

Gen yon fraz nan *Hamlèt* ki selèb pase anpil bagay ekri sou li pou esplike ak chache konprann sa Hamlèt te vle di lè l di Ofilya :
Al antre nan w kouvan ! (Ann anglè : *Get thee to a nunnery!*) Ak III, sèn ii.

Gen yon gwoup moun ki panse mo « kouvan » an nan tan Shakespeare, ak nan kontèks pawòl Hamlèt yo, vle di, yon bòdèl. Genyen lòt moun ki panse li vle di yon kouvan, tousenpleman, kote Hamlèt ap di Ofilya al kache pou l pa tonbe nan debanday.

Men, genyen yon lòt fraz nan *Hamlèt* ki pi selèb ankò. Fraz sa a soti nan yon pasaj Hamlèt pale lè li poukont li sou sèn nan, nan Ak III, sèn ii. Ann anglè, fraz la di : *To be, or not to be, that is the question :* François-Victor Hugo tradui l an fransè kòm : « *Être, ou ne pas être, c'est là la question.* » Jan-Franns Gasyon tradui li an kreyòl ayisyen kòm : *Se sa ou se pa sa. Men kesyon an.* Mwen chwazi pou mwen tradui fraz la jan sa a : « Ekziste, oswa pa ekziste. Se kesyon an sa. »

Fraz sa a reprezante non sèlman dilèm Hamlèt ki fè l ap mande tèt li si pou l oblije kontinye ap ekziste nan kondisyon l ye la a, pou l ap soufri, epi pou l oblije pran aksyon pou rezoud pwoblèm li yo, oswa pou l mouri epi fini ak tout bagay. Fraz la reprezante, nan yon sans, anpil kesyon ki soulve nan pyès teyat *Hamlèt* la, ki mande repons. Lektè yo va jwenn pyès teyat sa a rich nan sans li chaje ak tèm ki mande diskite ansanm ak aksyon ki mande esplike. Yo va ajoute entèpretasyon pa yo sou pakèt lòt ki deja ekri sou *Hamlèt*. Entèpretasyon pa yo an va anrichi *Hamlèt*.

Mwen dedye tradiksyon *Hamlèt* sila a bay tout elèv lekòl ki li kreyòl ayisyen.

—*Nicole Titus,* Nouyòk, septanm 2014

Moun ki nan pyès teyat la

Klodiyis : Wa Dànmak.
Hamlèt : Neve Wa a.
Polonyis : Konseye Wa a.
Horesyo : Zanmi Hamlèt.
Leyètis : Pitit gason Polonyis.
Vòltimann : Yon manm Chato Wayal la.
Kònelyis : Yon manm Chato Wayal la.
Wozennkrents : Yon manm Chato Wayal la.
Gildennstèn : Yon manm Chato Wayal la.
Òzrik : Yon manm Chato Wayal la.
Yon Jenòm Lasosyete.
Maselis : Yon sòlda.
Bènado : Yon sòlda.
Frannsisko : Yon sòlda.
Renaldo : Sèvitè Polonyis.
Fòtennbras : Prens Nòvèj.
Plizyè Aktè.
De Peyizan* k ap fouye fòs.
Yon Kapitèn Nòvejyen.
Plizyè Anbasadè Anglè.
Jètrid : Rèn Dànmak, manman Hamlèt.
Ofilya : Pitit fi Polonyis.
Lespri papa Hamlèt.
Lòd,** Ledi***, Pè, Ofisye, Sòlda, Maren, Mesaje, Sèvitè.

> * Peyizan : Ann anglè, Shakespeare anplwaye mo « Klown » isit la, ki, jodi a vle di yon moun ki fè moun ri ; men nan tan Hamlèt te ekri a, yon « klown » te vle di yon fèmye, ak yon peyizan tou. Diksyonè Webster di mo a kab soti nan orijin alman « klöne » ki vle di : gòch, maladwa.
> ** Lòd : Ann anglè : Lord, yon tit nòb pou gason.
> *** Ledi : Ann angle : Lady, yon tit nòb pou fi.

Hamlèt

Ak I
Sèn I

Chato Èlsinò[1]. Estrad kote y ap siveye a. Bènado ak Frannsisko, de santinèl, antre nan direksyon kontrè.

Bènado : Ki moun ki la a ?

Frannsisko : Non, reponn mwen, oumenm ! Kanpe la ! Fè moun rekonèt ou.

Bènado : Viv Wa a !

Frannsisko : Bènado ?

Bènado : Limenm menm.

Frannsisko : Ou vini egzakteman a lè w jis.

Bènado : Minui fèk sonnen. Al nan kabann ou, Frannsisko.

Frannsisko : Mèsi anpil pou larelèv ou fè m nan. Li fè frèt anpil, anpil, e m jele jis nan kè.

Bènado : Èske pòs ou te trankil ?

Frannsisko : Pa t gen yon sourit ki bouje.

Bènado : Enben, bònnuit. Si ou rankontre Horesyo ak Maselis, kamarad pòs mwen yo, di yo prese vini.

(Horesyo ak Maselis antre)

Frannsisko : M kwè m tande yo. Ret kanpe ! Kimoun ki la a ?

Horesyo : Zanmi peyi a.

Maselis : Ak moun ki fidèl anvè Dànwa[2] a.

Frannsisko : Pase bònnuit.

Maselis : A, orevwa, sòlda onèt. Kimoun ki ba ou larelèv ?

Frannsisko : Bènado pran plas mwen. Bònnuit.

(Li soti)

Maselis : Alo, Bènado!

Bènado : Reponn mwen—se Horesyo ki la a ?

Horesyo : Yon moso nan li.

Bènado : Labyenveni, Horesyo. Labyenveni, Maselis-bon-moun.

Maselis : Enben, èske bagay sila a parèt ankò aswè a ?

Bènado : M pa wè anyen.

Maselis : Horesyo di se imajinasyon nou sèlman. E li pa vle kite kwayans nan vizyon terib sa a nou wè defwa deja a, pran l nan fent. Se poutètsa m pouse l fè pòs chak minit nèt avèk nou aswè a, pou si aparisyon an vini, li kapab konfimen sa nou wè ak zye nou an, epi pou l pale ak li.

Horesyo : A, sispann non ; li pa p parèt.

Bènado : Chita yon moman. Epi kite nou kòche ankò zòrèy ou, ki si byen fòtifye kont istwa nou an, avèk kisa nou wè pandan de nuit.

Horesyo : Dakò, an n chita, pou n koute sa Bènado gen pou l di a.

Bènado : Sete yèwoswa menm, pandan etwal sila a, laba la a, ki soti nan pòl wès la, te fini pakou l pou l limen pati nan syèl la kote l ap flanbe koulye a. Maselis ak mwen, klòch la t ap sonnen inè lè sa a...

(Lespri a antre)

Maselis : Lapè ! Sispann ! Gade, men li k ap vini ankò !

Bènado : Nan menm fòm ak Wa k mouri a.

Maselis : Ou se yon moun ki save; pale avèk li, Horesyo.

Bènado : Èske l pa sanble ak Wa a ? Gade l byen, Horesyo.

Horesyo : Tètkoupe. Lapèrèz ak sezisman ap kale m.

Bènado : Li ta renmen yo pale ak li.

Maselis : Kesyone l, Horesyo.

Horesyo : Kisa ou ye ki pran lannwit sa a pou ou a ansanm ak fòm nòb, konbatan jan Majeste Dànmak ki antere a te konn mache gendefwa a ? Onon disyèl m ba ou lòd pou pale !

Maselis : Li vekse.

Bènado : Gade, li vire do l ak tout fyète!

Horesyo : Rete ! Pale, pale ! M ba ou lòd! Pale !

(Lespri a sòti)

Maselis : L ale, e l pa vle reponn.

Bènado : Sa ou di, en, Horesyo ? Ou ap tranble e ou tou pal. Èske sa a pa plis pase imajinasyon ? Sa ou panse de sa ?

Horesyo : Anveritedye, m pa ta kwè li san temwayaj aklè pwòp zye pa mwen konfimen.

Maselis : Èske l pa sanble ak Wa a ?

Horesyo : Menm jan ou sanble ak tèt ou. Se konsa abiman konba li a te ye menm lè l te batay ak Nòvèj[3] nonm anbisye a. Se konsa li te fonse sousi l yon lè, nan yon michan rankont, lè l te kraze sou glas la Polonè ki te nan kabwèt yo. Li etranj !

Maselis : Defwa deja menm jan an, e egzakteman menm lè lanmò sa a, li pase avèk demach lagè sa a devan pòs nou an.

Horesyo : Ki sans an patikilye pou m bay sa, m pa konnen ; men, nan opinyon pa mwen, an gwo e toudabò, sa se premonisyon yon katastwòf etranj pou eta nou an.

Maselis : Dakò, chita, e moun ki konnen di mwen poukisa siveyans estrik sila a ki tèlman sevè, k ap fatige chak lannwit pèp wayòm nan, e poukisa chak jou tout kanno an bwonz fonn sa yo, ak tout zam lagè yo achte aletranje sa yo ? Pouki rezon tout aparèy sa yo k ap fèt avèk jèfò sou echafo bato sa yo san distenksyon ant dimanch ak jou lasemèn nan ? Sa k dwe gen pou pase, ki fè tout travay tou cho tou bouke sa yo ki fè lannwit konpayon lajounen an ? Ki moun ki kapab esplike m sa ?

Horesyo : M kapab. Omwen, daprè bri k ap kouri. Dènye Wa nou an, ki gen imaj li ki fèk fè aparisyon l devan nou la a, te, kòm ou konnen, pwovoke nan yon konba pa Fòtennbras nonm ki sot Nòvèj la, ki t ap pike yon kriz ògèy ak jalouzi. Nan konba sila a Hamlèt, nonm vanyan nou an, (paske se konsa moun zòn bò isit yo estime li ye) te tiye Fòtennbras ; ki, nan yon akò sele jan l te dwe fèt, byen ratifye pa lalwa e pa anonsè yo, Fòtennbras te pèdi anmenmtan ak lavi li tout tè li te sezi kòm pwopriyete li yo, e ki te vin tonbe pou venkè a ; kont kwa wa nou an te riske yon pòsyon ekivalan ki te gen pou l retounen al jwenn eritaj Fòtennbras si l te venkè. Konsa byen Fòtennbras yo, daprè trete a ak kontni fòmèl sèten atik, vin tonbe pou Hamlèt. Koulye a, monchè, Jèn Fòtennbras, yon san konprann, ranpli ak yon vigè mache cho nan kò l, ramase pasi pala sou tout wout Lanòvèj yon lis vagabon san fwa ni lwa, ki gen kòm rekonpans yo manje nan vant yo—sa k gen lestomak pou sa yo—pou yo antreprann yon sèvis odasye, ki pa gen okenn lòt bi, daprè sa gouvènman nou an pwouve, sinon pou yo repran nan men nou, avèk fòs e avèk mwayen ki vyolan, tè sa yo nou pale de yo anvan yo, tè sa papa l te pèdi yo.

E, men sa m panse ki lakòz prensipal tout preparasyon nou sa yo, ak rezon pou pòs siveyans yo fè nou monte yo, epi gwo rezon poukisa tout aktivite tou cho tou bouke sa yo ak tout monte-desann ou wè nan peyi a.

Bènado : M panse sa pa kab anyen dòt pase sa ; ou gen rezon. Sa kapab byen esplike rezon poukisa pèsonaj estwòdinè sa a pase tou ame nan mitan pòs nou an, e ki tèlman sanble ak Wa ki te rezon e ki rezon pou diskisyon lagè sa yo.

Horesyo : Yon sèl ti grenn pousyè tou piti sifi pou li twouble zye lespri moun. Nan epòk ki te gen plis glwa e ki te pli fleri pou Wòm, yon ti kras tan anvan Jil Seza, nonm ki pi toupwisan an te tonbe, tonm yo te kite lokatè yo chape soti, e mò yo tou kouvri t al pouse rèl ak vwa anwe yo nan lari Wòm yo. E yo te wè zetwal avèk ke yo an flam, ak lawoze fèt ak san, siy dezas nan solèy la ; e etwal imid la, ki, anba enfliyans li anpi Neptin kanpe a, pike yon endispozisyon nan yon eklips, pansan se te lafendimonn. E menm siy sa yo ki anonse evennman terib alavans yo, ki toujou se mesaje desten davans yo, ki prefas gwo katastwòf yo, syèl la ak tè a fè yo parèt nan atmosfè nou yo ak devan konpatriyòt nou yo.

(Lespri a reparèt ankò)

Men. Sit ! Gade ! La a ! L ap tounen ankò ! M pral bare pasaj li, menm si l fè loraj kraze m ! Rete la, ilizyon ! Si ou genyen yon son, oswa yon vwa ou fe izaj, pale ak mwen ! Si genyen okenn bon bagay ki dwe fèt, ki ta kapab ba ou yon soulajman, ak ki ta kab fè m dibyen, pale ak mwen ! Si ou konnen okenn sekrè sou yon malè nasyonal, yon avètisman ou ta ka prevni, konsa, pale ! Oswa si pandan lavi ou ou te sere nan vant latè yon trezò ou te vòlè, ki fè, daprè sa yo di, noumenm espri yo, nou mache ale-vini souvan apre lanmò…

(Kòk la chante)

…Di mwen ! Rete la, epi pale ! Fè l rete, Maselis !

Maselis : Èske m dwe frape l ak lans mwen ?

Horesyo : Fè li, si l pa vle rete.

Bènado : Li bò isit la !

Horesyo : Li bò isit la !

Maselis : Li ale !

(Lespri a soti)

Nou fè sa mal ; yon kreyati ki tèlman wayal, pou nou fè l menas vyolans sa yo ; paske, menmjan ak atmosfè a, ou pa ka fè l dimal, e vye kou anven nou yo pa ta anyen plis pase yon mokri mechan.

Bènado : Li te vanse pale lè kòk la chante a.

Horesyo : Epi lè sa a, li bondi tankou yon moun koupab anfas yon asiyasyon ki fè l pè. Mwen tande yo di kòk, ki se twonpèt granmmaten li ye, avèk vwa fò ak pike li a, reveye Bondye-Lajounen. E lè yo tande siyal sila a, menmsi yo nan dife, nan latè, oubyen anlè, yon lespri ki pèdi e k ap ere, chache rantre tousuit kote l loje. E nou wè prèv la nan sa n fèk sot wè la a.

Maselis : Li disparèt lè kòk la chante a. Yo di konsa lè sezon yo selebre nesans Sovè a ap apwoche, zwazo-maten an chante tout nannuit. Epi, yo di, okenn lespri pa oze bouje al deyò. Nuit yo sen e sòf, konsa pa gen planèt ki frape ak dimal, wanga pa pran, pa gen sòsyè ki gen pouvwa pou bay madichon, tèlman epòk la beni ak li plen lagras.

Horesyo : Se sa m tande e se sa m ou tijan kwè. Men gade, lejou, abiye ak manto wouj li, ap mache sou lawoze gwo mòn sila a, ki a lès la. An n leve pòs nou ; e sa m konseye se pou n rakonte jèn Hamlèt sa n wè aswè a. Paske, m jire sou vi mwen, lespri sa a, ki rete bouch be ak nou an, ap pale ak li. Èske nou dakò se pou n fè l konn sa k pase—daprè devouman nou dwe li ak devwa nou genyen anvè li ?

Maselis : An n fè li, m priye nou ; e m konnen ki kote nou gen plis chans jwenn li maten an.

Nòt
1. Èlsinò : Chato Wayal nan Dànmak kote sèn nan ap dewoule a.
2. Dànwa a : Wa Dànmak la.
3. Nòvèj : Wa Nòvèj la, Fòtennbras Pè.

Sèn II

Chato Èlsinò. Yon gran sal. Twonpèt sonnen. Klodiyis, Wa Dànmak la, Jètrid, Rèn nan, Hamlèt, Polonyis, Leyètis ak sè li, Ofilya, lòt potanta ak asistan yo antre.

Wa a : Byenke souvni lamò Hamlèt, chè frè nou an, resan toujou, e li konvnab pou nou kontinye pote chagren an nan kè nou, e pou doulè tout wayòm nan, yo tout ansanm ramase kòmsi sou yon sèl fwon. Sepandan, tèlman larezon goumen avèk lanati, li fè nou panse a li avèk yon tristès ki pi saj, anmenmtan nou pa bliye tèt nou noumenm. Konsa sila a, ki te bèlsè nou anvan an, ki rèn nou koulye la a, epi ki vèv enperyal asosye nou nan wayòm lagè sila a, nou vin—kòmsi avèk yon jwa yo venk, avèk yon je k ap kriye youn k ap souri, avèk lajwisans nan w fineray, epi avèk yon chan lanmò nan yon nòs ki mezire nan yon sèl balans plezi ak doulè egalman—pran li pou madanm—nonplis tou nou pa mete dekote meyè konsèy sa yo nou te bay libreman nan zafè sila a. Pou sa, nou remèsye nou tout. Koulye a, ann pase sou lòt bagay sa nou konnen an, Jèn Fòtennbras, avèk yon lide fèb li mentni de fòs nou, oswa, li panse akòz de lanmò defen frè nou an, anpi nou an dejwente ak defonse, mete sou li ilizyon li genyen li siperyè a nou an, pa sispann ap toumante nou avèk mesaj an rapò de retounen tè papa l te pèdi yo, bagay ki te sede legalman bay frè nou ki te pi vanyan pase tout la. Sa ase sou li.

(Vòltimann ak Kònelyis antre)

Sou noumenm, koulye a, ak sou rasanbleman sa a. Men sa k ap pase : Nou ekri lèt voye ba y Nòvèj, monnonk Jèn Fòtennbras, ki yon lapòpòt e ki malad kouche, se apèn si

Hamlèt

l konnen entansyon neve l genyen an pou l ta anpeche l kontinye nan sa la p fè a, paske rasanblaj yo ak anwolman ki nesesè pou fòmasyon kò yo, se sijè l yo ki okipe sa. Konsa, koulye a nou voye ou, Brav Kònelyis, e oumenm, Vòltimann, pou nou pote salitasyon sila a bay Vye Nòvèj; e nou pa ba ou plis pouvwa pèsonèl pou nou negosye ak Wa a pase enstriksyon ki detaye nan atik sila yo.

(Li ba yo papye yo)

Orevwa, e fè efò nou fè pou n al tousuit pwouve devosyon nou.

Kònelyis ak Vòltimann : Nan sa, e nan tout bagay, n a montre devosyon nou.

Wa a : Nou pa doute sa. Orevwa ak tout kè.

(Vòltimann ak Kònelyis soti)

E koulye a Leyètis, ki nouvèl ou genyen ? Ou te pale nou de yon rekèt. Kisa l ye, Leyètis ? Ou pa kapab vle pale pawòl ki rezonab ak Wa Dànmak la epi pou pèdi lapawòl ou. Kisa ou ta vle mande, Leyètis, pou m pa ta ofri ou li anvan ou mande l ? Tèt la pa gen plis devosyon natirèl pou kè a ; men an pa pi sèvyab anvè bouch la, pase kouwòn Dànmak la anvè papa ou. Kisa ou ta renmen, Leyètis ?

Leyètis : Ak tout respè ak krentif mwen dwe ou, Ekselans, m ap mande ou konje ak pèmisyon pou m retounen an Frans. Se la m te ye, e kwak m te vini Dànmak ak tout kè m pou m rann ou omaj pou inogirasyon ou, fò m avwe, koulyela a m fin fè devwa m nan, panse mwen ak dezi mwen panche ankò bò Lafrans, e yo koube enbleman devan konje ak pèmisyon ou akòde m.

Wa a : Èske ou gen pèmisyon papa ou ? Kisa Polonyis di ?

Hamlèt

Polonyis : Ekselans, li rive tòdye pèmisyon m ki te lant lan sot nan men m afòs li anbete m nan plede mande m li, ki fè alafen, kòm se sa l te vle, avèk regrè m mete so sou konsantman mwen. M priye ou pou ba l pèmisyon pou l ale.

Wa a : Al jwi jenès ou Leyètis. Tan an se pou ou l ye ; m ta swete bon konpòtman ou kontwole jan ou fè izaj li ! E koulye a, Hamlèt, fanmi[4] mwen, pitit mwen—

Hamlèt : *(Apa—ap pale poukont li.)* Yon tikras plis nan sans fanmi, e yon tikras mwens nan sans zanmi !

Wa a : Ki jan fè tout nyaj tristès sa yo ap akable ou toujou ?

Hamlèt : Se pa sa, non, Majeste. M anba vant solèy la twòp.[5]

Rèn nan : Hamlèt, bon-moun mwen, wete koulè aswè[6] sa a sou ou non, e fè zye ou voye yon rega amikal sou Wa Dànmak la. Se pa pou toujou, ak poje ou atè, ap chache papa ou, yon moun ki nòb, nan pousyè a. Ou konnen se yon bagay ki komen, tout bagay ki vivan genyen pou yo mouri, pou yo pase atravè lanati pou al nan letènite.

Hamlèt : Wi, Madanm, li komen[7] vre.

Rèn nan : Si se konsa sa ye, poukisa l sanble kòmsi se oumenm sèl sa rive ?

Hamlèt : Kòmsi, Madanm ? Non, se sa l ye. M pa ann afè ak « kòmsi ». Se pa manto m sa a ki nwa kou lank lan sèlman, chè manman, ni kostim dèy ofisyèl moun oblije mete yo, ni gwo soupi fòse, non, ni yon larivyè dlo san fon k ap koule nan je, ni yon figi ki aji ak tristès, ansanm ak tout fòm, tout dispozisyon, tout mànyè lapenn sa yo ki kapab revele sa m santi vrèman. Bagay sa yo sanble ; pase se aksyon yon nonm ka pran pòz fè. Men mwenmenm sa m gen anndan m nan li plis pase fent. Tout rès sa yo se ganiti ak kostim doulè yo ye.

Wa a : Se yon bagay ki bon ak onorab ou genyen lakay ou, Hamlèt, pou fè tout devwa ou sa yo an rapò a dèy papa ou. Men fòk ou konnen, papa ou te pèdi yon papa, papa sa a ki pèdi a te pèdi papa pa li, e sila sa a ki siviv la gen obligasyon li antank pitit pou l montre tristès doulè li pou yon tan. Men, pou pèsiste ak tètdi nan yon tristès ki toujou bezwen konsolasyon, sa se fè teti nan pouswiv yon chemen sakrilèj. Se pa yon doulè ki diy de yon gason ; sa montre yon volonte ki pa pliye devan volonte lesyèl, yon kè ki pa fò, yon lespri ki san reziyasyon, yon entelijans ki senp e ki pa fè etid, devan yon bagay nou konnen ki genyen pou l rive, e ki yon bagay ki komen kouwè nenpòt lòt bagay moun abitye wè. Akwabon pou nou pran pozisyon konsa nan fè opozisyon kouwè timoun piti ? Gade non ! Se yon peche kont lesyèl, yon peche kont mò yo, yon peche kont lanati, yon rezònman ridikil, ki gen pou sijè lanmò papa se yon bagay komen, ki pa sispann kriye, depi premye kadav la rive jis sou moun ki mouri jodi a pou l di, « Se konsa sa dwe ye ». Tanpri, voye lapenn san fòs sa a jete atè, e panse a nou kouwè a yon papa. Ka se pou lemonn rann li kont ! Se ou ki pi pre pou eritye twòn nou an, e m pa gen mwens afeksyon nòb pou ou pase sa yon papa ki pi bon eksprime anvè pitit li. Kanta pwojè ou pou retounen lekòl nan Witennbèg la, li konkrè anpil a dezi nou ; e nou priye ou pou konsanti pou rete isit la, pou lajwa ak konsolasyon zye nou, oumenm ki premye nan manm chato a, ki fanmi nou, ak pitit nou.

Rèn nan : Pa fè priyè manman ou gaspiye, Hamlèt : M priye ou pou rete avèk nou ; pa ale Witennbèg.

Hamlèt : M a fè tout sa m kapab pou m obeyi ou nan tout bagay, Madam.

Wa a : A ! Se yon repons ki plen afeksyon e ki konvnab. Fè tankou noumenm nan Dànmak. Madanm, annouwè. Konsantman dous, natirèl sa a, Hamlèt ban nou an, fè kè m kontan anpil. Pou n onore bagay sa a, m vle pou Wa Dànmak la pa bwè anyen jodi a alasante li san gwo kanno[8] yo pa di li nan nyaj yo, epi pou gwo goblè Wa a pa reponn li ankò, kouwè eko loraj sou latè a. An n ale.

(Kout twonpèt. Tout moun soti sòf Hamlèt)

Hamlèt : O, si kò an lachè mwen sa a, ki twò solid la, te kapab fonn, dejele, epi disparèt, tounen lawoze ! Oswa si Letènèl pa t brake kanno kont moun ki tiye tèt yo ! O, Bondye ! Bondye ! Ala tout jwisans nan lavi a sanble yo fatigan, san gou, plat, san pwofi ! Se degoutan ! Se meprizan ! Se kouwè yon jaden yo pa sakle ki vin chaje ak move zèb. Tout vye bagay, tout bagay ki pa bon nan lanati se sa ki prèske ranpli li. Pou se konsa sa tounen ! De mwa sèlman depi l mouri—non—pa tou sa, non—pa de, non ! Yon si bon Wa ! Konpare youn ak lòt se tankou Hiperyon[9] ak yon Sati.[10] Li te tèlman gen afeksyon pou manman m ; li pa t pèmèt van nan syèl la touche figi l twò fò. Lesyèl e Latè ! Èske m oblije sonje ! Gade non, jan l te konn kwoke kò l sou li, se te kòmsi apeti l t ap grandi toutotan l ap manje. Epoutan, anvan yon mwa. Pito m pa reflechi sou sa ! Feblès, se fanm ki non ou ! Yon sèl ti mwa, anvan soulye l sa yo ki te suiv kò pòv papa m nan te gantan vyeyi, tankou ou ta di se te Niyobe,[11] avèk pakèt dlo nan zye—, limenm, menm limenm (O, Bondye! Yon bèt ki pa genyen kapasite pou rezònman ta pote dèy pi lontan)—li marye avèk monnonk mwen, frè papa m, men pa plis tankou papa m pase m ta tankou Èkil. Anvan yon mwa, anvan menm sèl nan vye dlo kriye sal li yo te sispann irite zye wouj li yo, li marye. Ala yon vitès kriminèl, pou kouri ak tout boulin antre nan yon maryaj ras kabrit ! Sa pa kapab, ni li pa dwe janm fini byen. Sa kase kè mwen paske fò m oblije kenbe lang mwen.

(Horesyo, Maselis, ak Bènado antre)

Horesyo : M ap salye ou, Ekselans !

Hamlèt : M byen kontan wè ou pote ou byen, Horesyo—si m pa bliye !

Horesyo : Wi, se mwenmenm, wi, Ekselans, e enb sèvitè ou pou toujou.

Hamlèt : Mesye, zanmi mwen—m ap chanje tit m adrese n nan ak nou. E sa ou ap fè lwen Witennbèg, Horesyo ? Maselis ?

Maselis : Bon Ekselans mwen !

Hamlèt : M byen kontan wè ou. *(L adrese Bènado.)* Bonswa, Mesye. Men, toutbonvre, sa k fè nou kite Witennbèg ?

Horesyo : Yon tandans vagabon, Bon Ekselans mwen.

Hamlèt : M pa ta kite enmi ou pale de ou konsa. Ou p ap kòche zòrèy mwen nonplis tou pou fòse m kwè yon bagay konsa oumenm kont tèt ou. M konnen ou pa vagabon. Men ki zafè ki mennen w Èlsinò ? N a montre ou bwè anpil anvan ou ale, wi.

Horesyo : Ekselans, m vini pou m asiste fineray papa ou.

Hamlèt : Pa pase m nan betiz, tanpri, etidyan kamarad mwen. M kwè se te pou asiste maryaj manman m.

Horesyo : Sa se vre, Ekselans, li te fèt touswit apre.

Hamlèt : Ekonomi, ekonomi, Horesyo ! Vyann yo te kuit pou fineray yo te sèvi frèt sou tab maryaj yo. M ta pito m t al rankontre nan syèl la enmi m pi rayi a tan m te janm wè jou sila a, Horesyo ! Papa mwen ! M kwè mwen wè papa mwen.

Horesyo : O, ki kote, Ekselans ?

Hamlèt : Nan panse mwen, Horesyo.

Horesyo : M te wè l yon lè. Se te yon Wa mayifik.

Hamlèt : Se te yon nonm, lò ou pran tout bagay li an konsiderasyon, m p ap janm wè parèy li ankò.

Horesyo : Ekselans, m kwè m te wè l yèwoswa.

Hamlèt : Wè ? Kiyès ?

Horesyo : Ekselans, Wa a, papa ou.

Hamlèt : Wa, a, papa mwen ?

Horesyo : Kontwole sezisman ou pou yon moman ak fè zorèy ou fè atansyon, jiskaske m rakonte w, avèk temwayaj mesye sa yo, fenomèn sa a.

Hamlèt : Pou lanmou Bondye, lese m tande !

Horesyo : Pandan de nuit suivan, mesye sa yo (Maselis ak Bènado) nan pòs yo, nan nannan fènwa ak nan mitan lannwit, fè yon rankont. Yon aparisyon kouwè papa ou, ame nèt soti nan tèt vin jis nan pye, parèt devan yo, e avèk yon demach ofisyèl, pase lantman ak nan yon manyè wayal devan yo. Pandan twa fwa li mache devan zye yo ki te akable e ki te sezi tèlman yo te pè, yon distans longè ti baton gayak li a, pandan yo menm, yo prèske disoud tounen anyen tèlman yo pè, kanpe bouch be san yo pa pale ak li. Yo devwale sekrè efreyan sa a ban mwen, e twazyèm nwit lan mwenmenm ak yo nou fè pòs. E, san manke detay nan lè ak nan fòm yo te rakonte a, egzakteman jan yo te di a, aparisyon an parèt. M te konnen papa ou ; de men m sa yo pa sanble youn ak lòt plis pase li.

Hamlèt : Men ki kote sa te ye ?

Maselis : Ekselans, sou estrad kote nou monte pòs la.

Hamlèt : Nou pa pale ak li ?

Horesyo : Ekselans, m pale ak li ; men li pa ban m okenn repons. Men, yon lè m kwè li leve tèt li fè mouvman kòmsi li ta pral pale, men menm lè a kòk avanjou an chante fò, e lè l tande son an, li rale kò l ak tout vitès l ale, e li disparèt devan zye nou.

Hamlèt : Se dwòl anpil.

Horesyo : M jire ou sou vi m, Ekselans onorab mwen, se laverite. E nou te panse li make nan devwa nou pou n mete ou okouran.

Hamlèt : Natirèlman, natirèlman, Mesye, men sa boulvèse mwen. Èske n ap fè pòs aswè a ?

Maselis ak Bènado : Wi, Ekselans.

Hamlèt : Ou di l te ame ?

Toulède : Wi, ame, Ekselans.

Hamlèt : Sot sou tèt rive nan pye ?

Toulède : Sot nan tèt rive nan pye, Ekselans.

Hamlèt : Konsa nou pa wè figi li ?

Horesyo : O, wi, Ekselans! Vizyè[12] li te ouvè.

Hamlèt : Èske figi l te mare ?

Horesyo : Yon figi ki te pi nan tristès pase l te an kòlè.

Hamlèt : Pal oswa wouj ?

Horesyo : Non, trè pal.

Hamlèt : E èske l te fikse zye l sou nou ?

Horesyo : Tout tan nèt.

Hamlèt : M swete m te la.

Horesyo : Li ta fè ou sezi anpil.

Hamlèt : Se trè pwobab. Se trè pwobab. Li te rete lontan ?

Horesyo : Tan li ta pran yon moun pou l konte jiska san san prese.

Toulède : Pi lontan. Pi lontan.

Horesyo : Pa lè m te wè l la.

Hamlèt : Bab li te gri—pa vre ?

Horesyo : Li te, jan m te wè l lè l te vivan an, yon nwa ajante.

Hamlèt : M ap fè pòs aswè a. Petèt l a retounen ankò.

Horesyo : Wi, m garanti li.

Hamlèt : Si li pran fòm papa onorab mwen an, m a pale ak li, menm si lanfè menm ak bouch li ouvè t a di m pinga ou ! M priye nou tout, si jiskaprezan nou kenbe sa n wè a an sekrè pou nou gade silans nou toujou. E nenpòt lòt bagay ki ka pase aswè a, egzaminen li, men kenbe lang nou. M a rekonpanse devouman nou. Konsa, orevwa ! Sou estrad la, ant onzè e minui, m ap vin wè nou.

Horesyo, Bènado, ak Maselis : Devosyon nou rann ou omaj.

Hamlèt

Hamlèt : Non ; se mwen ki pou ban nou amitye mwen. Orevwa !

(Tout soti sòf Hamlèt)

Lespri papa mwen—ame ? Sa pa bon ! M soupsonnen move zafè. Si l te ka kab nannuit koulye la a ! Men, ann atandan, rete kalm, nanm mwen ! Move zaksyon, menmsi tout latè a kouvri yo, ap devwale devan zye lèzom.

Nòt

4. Fanmi : Mo Shakespeare anplwaye isit la se « cousin » kouzen. Men nòt nan tèks anglè a di mo a gen rapò a fanmi, pa nesesèman a kouzen paske Hamlèt se neve Wa a li ye.
5. Solèy : Hamlèt ap fè yon jwèt-ak-mo isit la avèk solèy, « sun », ann anglè, ak pitit gason, « son » ann anglè. Daprè tèks Folger Library a, sa montre Hamlèt egri kont nouvo sitiyasyon relasyon parantay li ak Wa a.
6. Koulè aswè : Koulè fonse. Demare figi ou.
7. Komen : Hamlèt ap jwe ak siyifikasyon mo « komen » an ki vle di yon bagay ki rive tout tan, anmenmtan ak yon bagay ki òdinè, oswa vilgè.
8. Kanno : Wa a vle pou chak fwa li bwè yo tire yon kout kanno.
9. Hiperyon : An grèk, Hyperion se te bondye solèy; li te bèl anpil.
10. Sati : Yon Sati, an grèk, Satyr, se te yon lespri ki te gen fòm moun, men ki te gen zòrèy ak ke kabrit.
11. Niyobe : Nan mitoloji grèk, Nyobe te yon dam ki te ofanse Leto, yon deyès, e ki te resevwa kòm pinisyon lamò tout pitit li yo. Menm lò l te transfòme, tounen yon wòch, li te kontinye ap kriye.
12. Vizyè : Mo fransè ki soti nan mo vizaj. Yon vizyè a se pati mobil nan yon kas ki fè pati abiman militè an metal. Vizyè a te bese lè moun nan te nan konba.

Sèn III

Elsinò. Lakay Polonyis—Li sòti.

(Leyètis ak Ofilya antre)

Leyètis : Tout afè m anbake. Orevwa. E, sè mwen, lè gen bon van soufle, e ou jwenn mwayen pa konvwa, pa rete ap dòmi non, men voye nouvèl ou ban mwen.

Ofilya : E ou doute mwen ?

Leyètis : Konsènan Hamlèt ak atansyon frivòl l ap ba ou a, konsidere sa kouwè yon fantezi, yon jwèt chanèl, yon vyolèt nan jenès prentan lanati, li rapid, men li pa dire ; bon sant li anbonmen lè a pou yon minit ; anyen pase sa.

Ofilya : Anyen pase sa, vrèman ?

Leyètis : Pa panse li pi plis. Paske nati yon imen tout pandan l ap grandi, se pa mis yo ak kò fizik la k ap devlope sèlman, non, men amezi tanp sa a ap gwosi, devwa sèvis alenteryè yo enpoze sou sèvo a ak nanm nan ap grandi an menm tan tou. Petèt li renmen ou jodi a, e jodi a okenn basès, okenn mank lwayote p ap tèni ladwati volonte li, men, fòk ou gen krent lè ou pran an konsiderasyon pozisyon li, volonte l pa pou li, paske menm limenm li sou obligasyon nesans li fòse sou li. Li pa kapab, jan nenpòt moun konsa-konsa fè, suiv pwòp panchan pa li, paske sekirite ak byennèt tout Eta a depann sou chwa l fè. Konsa fòk chwa li bòne pa opinyon ak konsantman Eta li se chèf li a. Alò si li di li renmen ou, ou fè byen nan konpreyansyon ou si ou kwè ladan l sèlman nan limit pozisyon espesyal li genyen an kapab ba l libète pou l fè sa li di a—yon libète ki pa plis pase sa vwa prensipal Dànmak la nèt kontwole anmenmtan. Apresa, konsidere a ki pwen ou a pèdi onè ou si ou kite zòrèy ou kwè ak koute tout chanson li yo, oswa si ou kite kè ou ale, oubyen ou ouvri trezò vyèj ou a ba li akòz ou pa rive retni l nan pouse l ap pouse ou la. Rete sou pinga ou, Ofilya, rete sou pinga ou chè sè mwen, e ranka kò ou devan afeksyon ou ; pa mete ou alapòte danje dezi ou poze. Vyèj ki pi chich met twòp deyò si l demaske bote l pou lalin. Menm pidè p ap chape anba kout lang. Vè manje bagay prentan an fèk bay nesans ; twò souvan anvan menm flè yo ouvri. Se lè jenès yon moun fèk kòmanse, lè lawoze l likid toujou, lè sa a van ki pote kontajyon menase l pi plis. Konsa ret sou pinga ou ! Pi gran mwayen pou veye zo ou se pè pou pè. Devan nenpòt ti tantasyon se fasil pou yon moun ki jèn revòlte kont bonsans li.

Ofilya : M a konsève souvni bon konsèy sa a kouwè yon gadyen pou kè mwen. Men, bon frè mwen, pinga ou fè kouwè pastè enkonduit yo non, pou montre m chemen ki gen bit, plen pikan, ki pou mennen m nan syèl la, epi pou oumenm, tankou yon vagabon awogan ak san retni ou ap pilonnen flè primwòz sou wout ki bay lisans lan san l pa koute pwòp konsèy pa li non.

Leyètis : O, ou pa bezwen pè pou mwen.

(Polonyis antre)

M rete twò lontan. Bon, men papa m vini. Yon benediksyon doub se yon favè doub ; se yon okazyon pou yon dezyèm orevwa.

Polonyis : Ou la toujou, Leyètis ? Abò ! Abò ! Sa se yon wont ! Van an chita sou zepòl vwal ou, e y ap ret tann ou. Men—m ba ou benediksyon mwen ! E ekri detwa prensip sila yo nan memwa ou. Pa pran lide ou gen nan tèt ou met deyò soti nan bouch ou, ni pa aji nonplis tou sou okenn lide ki derezonab. Ou gendwa abòdab, men ou pa dwe antre nan zanmitay ak tout moun. Zanmi ou deja genyen, e ou deja pwouve ki moun yo ye, kenbe yo di, kranponnen yo tankou se ak asye ou mare yo nan nanm ou. Men pa fè men ou vin di nan makonnen kò w ak okenn zanmi nouvo ki fèk parèt. Fè atansyon pou pa antre nan okenn joure ; men, si ou nan mitan youn, fè dekwa pou advèsè a konn ak ki moun l ann afè. Tande refleksyon tout moun ; men kenbe jijman pa ou pou ou. Abiye ak rad lajan ou kapab achte ; men pa ak bagay ki estravagan, ki chè, oswa ki woywoy. Paske sa yon moun met sou li, anpil fwa, se sa ki montre ki moun li ye. E an Frans, moun ki nan pi gran sosyete yo ak nan meyè pozisyon yo, se yo ki pi gen gou e ki pi konnen bagay sa yo. Pinga ou ni prete nan men moun ni prete moun ; paske lè moun prete moun, leplisouvan, li pèdi ni sa l prete a, ni zanmi an ; e lò moun prete nan men moun, li twouble ekonomi li. Anvan tout bagay : se pou fran ak tèt ou. E sa vle di tou, menm jan lannwit suiv apre lajounen, ou pa dwe pa fran avèk okenn moun. Orevwa. Se pou benediksyon mwen yo asezonnen tout konsèy sa yo anndan ou.

Leyètis : Mwen pral fè wout mwen enbleman, Ekselans mwen.

Polonyis : Lè a ap rele ou. Ale. Sèvitè ou yo ap ret tann ou.

Leyètis : Orevwa, Ofilya, e sonje byen sa m di ou yo.

Ofilya : M take yo nan memwa m, e oumenm menm va kenbe kle a.

Leyètis : Orevwa.

Polonyis : Kisa l di ou, Ofilya ?

Ofilya : Si sa pa deranje ou, yon bagay osijè de Ekselans Hamlèt.

Polonyis : Yon bon lide, anverite ! Yo di mwen l ap prete ou anpil atansyon depi kèlke tan ; e oumenm, poukont pa ou, ou pa mande pase sa pou pase tout tan ou ap koute l. Si se konsa—e sa yo di m nan mwen kwè li, e se pa mezi de prekosyon- m dwe di ou, oumenm, ou pa konprann trè byen sa ki konvnab antanke pitit fi mwen e konsènan repitasyon ou. Kisa ki genyen antre nou ? Ban m tout verite a.

Ofilya : Depi kèk tan, Ekselans, l ap pede ofri mwen afeksyon li.

Polonyis : Afeksyon ? Radòt ! Ou ap pale kouwè yon timoun nayiv ki pa gen eksperyans nan danje bagay sa yo. Èske ou kwè nan afeksyon li, kouwè ou rele l la ?

Ofilya : Ekselans, m pa konnen sa m dwe kwè.

Polonyis : Onondedye, m pral aprann ou ! Konsidere tèt ou kouwè yon ti bebe dèske ou kwè nan tout zafè afeksyon sa yo kòmkwa se te lajan kontan alsòke yo pa bon lajan ki vo anyen. Kenbe yon retni ak konpayi ou, osnon (pou pa anplwaye fraz la jis li pèdi sans li), ou a remèt mwen yon moun sòt.

Ofilya : Ekselans, li pede pale m de pawòl damou sa yo nan yon mànyè ki onorab.

Polonyis : Wi, ou gen dwa rele l yon mànyè. Di mwen ! Di mwen !

Ofilya : Epi, Ekselans, li asire pawòl li yo avèk prèske tout sèman sakre ki genyen nan syèl la.

Polonyis : Wi, pyèj, pou kenbe zwazo sòt ! Mwen konnen, lò san an ap bouyi, avèk ki lajès nanm nan vide sèman lage sou lang nan. Flanm sa yo, mafi, ki bay plis limyè pase chalè yo, ki mouri, toulède, prèske menm lè pwomès yo an parèt, ou pa dwe pran yo pou dife. Apati de jodi a, kenbe yon retni nan jan ou akòde prezans vyèj ou an. Bay randevou ou yo plis valè pou pa akòde yo nenpòt lè moun mande pou pale ak ou. Kanta pou Sonn Ekselans Hamlèt, men sa pou panse de li : li jèn, e kòd ki nan kou l la pi long e kite l mache pi lwen pase pa ou la. Tousenpleman, Ofilya, pa kwè nan sèman l yo ; paske yo pa mesajè pou entansyon ki sen jan rad yo siyifye an, men kriyadò pou pouse move entansyon ki kache anba rad yo, ki pran pòz se pwomès sen ak dwat y ap prezante dekwa pou yo sa pi kapab twonpe moun. Yon fwa pou tout, m ap di ou sa tou klè nèt, apati de jodi a, m pa ta gaspiye okenn bon tan ou nan ni pale ni koze ak Misye Hamlèt. Ou tande byen sa m di ou la ; m pase ou lòd. Fè chemin ou.

Ofilya : M va obeyi ou, Ekselans.

Sèn IV

Chato Elsinò. Estrad kote yo fè pòs la.
(Hamlèt, Horesyo ak Maselis antre)

Hamlèt : Lè a mòde di ; fè frèt anpil.

Horesyo : Se yon lè ki pike e ki vif.

Hamlèt : Ki lè l ye koulye la a ?

Horesyo : M kwè li prèske minui.

Maselis : Non. Li sonnen deja.

Horesyo : Se vre ? M pa t tande l. Konsa lè a ap pwoche lè espri a konn gen abitid mache a.

*(Yo tande yon son twonpèt ak
bri de kout zam ki pati)*

Kisa sa a vle di, Ekselans ?

Hamlèt : Wa a ap pase nuit la ap fete ak banboche ; l ap kave bwason, e l ap danse dans bweson li, chak fwa li vide vè diven ki soti an Ren li, tanbou ak twonpèt ranni pou anonse triyonf pawòl li trenke.

Horesyo : Se koutim nan ?

Hamlèt : Wi, se konsa wi, anverite. Men, dapre mwen, kwak mwen fèt isit la, e m fèt nan mès sa yo, se yon koutim ki pi onorab pou moun lage olye de obzève. Banbòch ki abriti sa yo, fè ni lès ni lwès ensilte nou e lòt nasyon pale nou mal. Yo rele nou bwesonnyè, e yo salope tit nou, ban nou ti non kochon. E vrèman sa febli bagay nou akonpli, kwak yo te fèt ak laglwa, bagay ki nannan zantray repitasyon nou. Anpil fwa sa rive nan

Hamlèt

sèten moun ; yo genyen yon defo natirèl lakay yo. Kòmsi
yo fèt konsa—konsa se pa fòt yo ; paske yon kreyati pa
kapab chwazi orijin li—akòz kèk trè yo devlope twòp, ki
souvan kraze limit ak baryè rezònman, oswa akòz de kèk
abitid ki transfòme twòp, fòm bon manyè yo, moun sa yo
pote, mwen di, etanp yon sèl defo, ki yon inifòm lanati
ba yo, yon eritaj ki nan etwal yo. Lòt kalite yo—menmsi
yo san tach tankou lagras, e yo san limit nan sa limanite
ta pèmèt—y a koronpi, nan opinyon jeneral, akòz de sèl
defo sa a. Yon sèl ti grenn movèzte sa a ap fè karakteristik
ki pi nòb yo efase jiskaske l dezonore nèt.

(Lespri a antre)

Horesyo : Gade, Ekselans, men l ap vini !

Hamlèt : Anj, ak mesaje lagras, defann nou ! Menmsi ou
se yon bon espri oswa yon demon malveyan kondane ;
Oswa ou pote avèk ou lè sila yo ki sot nan syèl osnon
rafal movezè ki sot nan nanfè, swa entansyon ou malefik
oswa charitab, ou vini nan yon fòm ki tèlman dwòl, fò
m pale avè ou. M a adrese ou kòm Hamlèt, Wa, papa,
Dànwa Wayal. Reponn mwen non ! Pa kite dout fini ak
mwen ; men di poukisa zo ou ki sanntifye, ki antere nan
lanmò, soti kite rad antèman ou ? Poukisa kav nou wè
ou antere anpè ladan l lan, ouvè machwa lou an mab li
yo pou voye ou monte ankò ? Kisa sa vle di, oumenm
yon kò ki mouri, ak abiman ou ann asye nèt ankò, ap
revizite konsa klète lalin nan, fè lannwit lan efreyan,
e noumenm egare devan fenomèn lanati ki si tèlman
atwòs sa a pou fè imajinasyon nou tranble avèk panse
ki depase limit nanm nou ? Di poukisa ? Pouki rezon ?
Kisa ou vle n fè ?

(Lespri a fè Hamlèt siy vini)

Horesyo : L ap fè ou siy pou ale avè l, kòmsi l vle revele yon bagay ba oumenm poukont ou.

Maselis : Gade avèk ki bon jès l ap voye men ba ou fè ou konprann pou ale yon kote ki pi elwaye. Men pa ale ak li !

Horesyo : Non, ditou ditou !

Hamlèt : Li pa p pale. Konsa m ap suiv li.

Horesyo : Non, pa fè sa, Ekselans !

Hamlèt : Poukisa ? Kisa k gen pou m pè ? M pa bay lavi mwen valè yon zepeng ; e pou nanm mwen, kisa l kab fè li, ki se yon bagay imòtèl kouwè li ? L ap voye men ban mwen ankò. M ap suiv li.

Horesyo : E si l tante ou ale nan direksyon dlo an, Ekselans, oswa nan direksyon efreyan tèt mòn nan k ap avanse sou fondasyon l nan lanmè a, e la, li pran yon lòt fòm terib ki ka fè ou pèdi kontwòl tèt ou e fè ou tonbe nan foli ? Panse a sa. Andwa sa a menm, san l pa vle, mete vizyon dezespere nan nenpòt sèvo ki ret anwo a ap gade lamè a e ap tande l gwonde an ba a.

Hamlèt : L ap kontinye voye men ban mwen toujou. Ale ; m ap suiv ou.

Maselis : Ou pa prale, Ekselans.

Hamlèt : Pa kenbe mwen !

Horesyo : Kite moun ba ou konsèy ; ou pa prale.

Hamlèt : Desten mwen ap rele e li fè chak ti atè nan kò sila a fò kouwè nè Lyon Nemeyen[13] an.

(Lespri a fè l siy)

L ap rele m toujou. Lage mwen, Mesye! M fè sèman, m ap fè nenpòt moun ki kenbe m la a tounen yon lespri !

Hamlèt

M di rale kò nou ! Ann avan, m ap suiv ou.

(Lespri a ak Hamlèt soti)

Horesyo : Imajinasyon l rann li move.

Maselis : An n suiv li ; nou pa dwe obeyi l nan ka konsa.

Horesyo : An n al dèyè l. Kisa bagay sa a va tounen menm ?

Maselis : Gen yon bagay ki pa sa nan peyi Dànmak.

Horesyo : Lesyèl a gide li.

Maselis : Non, ann suiv li.

Nòt

13. Lyon Nemeyen : Se te yon bèt yo sanse pa t ka blese. Èkil te tiye l kòm youn nan douz travo li yo.

Sèn V

(Yo tout soti)

(Yon lòt pati nan estrad la. Lespri a ak Hamlèt.)

Hamlèt : Ki kote ou vle kondui m ? Pale, m pa pral pi lwen.

Espri a : Koute m byen.

Hamlèt : M ap koute ou.

Espri a : Lè a prèske rive lè m dwe retounen nan flanm souf k ap sèvi m touman yo.

Hamlèt : Adye ! Pòv espri !

Espri a : Pa pran lapenn pou mwen; men koute trè byen sa m pral revele ba ou a la a.

Hamlèt : Pale, m teni pou m koute.

Espri a : Menm jan an tou pou tire vanjans lè ou tande.

Hamlèt : Kisa ?

Espri a : M se lespri papa ou, kondane pou yon sèten tan pou m mache lannwit, e pandan lajounen pou m fèmen nan prizon nan flanm dife, jiskaske move krim ki te fèt pandan vi natirèl mwen yo brile e yo pije ale. Si m pa t entèdi met deyò sekrè prizon ki kay mwen an, m ta rakonte ou bagay ki yon sèl ti pawòl ta travay nanm ou, fè jèn san ou nan jele, fè de je ou, kouwè zetwal, soti nan twou yo, fè bouk ki mare ak trese nan tèt ou yo lage, e chak grenn cheve ou kanpe doubout kouwè pikan sou yon pòkepik ki pè. Men deskripsyon kondisyon lòtbò letènite pa fèt pou zòrèy lachè ak lesan. Koute ; koute. O, koute! Si ou te janm renmen chè papa ou.

Hamlèt : O, Bondye !

Espri a : Vanje mechanste asasina l sa a ki pa natirèl ditou ditou a.

Hamlèt : Asasina ?

Espri a : Asasina ki pi mechan ; kouwè meyè ladan yo ye ; men sila a pi mechan, pi dwòl, e pi pa natirèl.

Hamlèt : Prese fè m konnen, dekwa pou mwen, avèk zèl rapid tankou refleksyon oswa lide lanmou, kapab kouri pran vanjans mwen.

Espri a : M wè ou pare. Ou ta pi lou pase zèb pwès ki kite tèt yo pouri nan parès sou waf Lete[14], si pou pa ta bouje kò w sou zafè sila a. Kounye a, Hamlèt, koute : Yo fè kwè, pandan m t ap dòmi nan jaden mwen, yon koulèv mòde mwen ; konsa yo pran nan fent tout zòrèy nan Dànmak ak istwa sa a yo fòje sou lanmò m nan. Men konnen, oumenm, bonjan ti gason, koulèv ki te pike lavi papa ou la, koulye a l ap pote kouwòn ni.

Hamlèt : O, nanm pwofetik mwen an ! Monnonk mwen ?

Espri a : Wi, bèt ras kabrit, adiltè sa a, avèk maji ki nan tèt li, avèk don pèfid li—O, move jeni, move don, ki gen pouvwa pou sedui konsa ! Ak apeti chanèl ki wonte li a, li fè volonte rèn mwen an, ki gen aparans pi bon moun nan, sede ba li. O, Hamlèt, ala yon degrenngole ki fèt la a ! Pou sot sou mwen, ki te gen lanmou li toujou diy, li mache kòt a kòt ak ve m te fè l nan maryaj nou, pou li desann tonbe sou yon salopri don natirèl li yo pa anyen devan pa mwen ! Men, ladwati, menm jan li pa p janm bouje, menmsi vis fè l siyon nan yon fòm diven, konsa tou dezi chanèl, menmsi li nan alyans ak yon anj briyan, ap plen vant li nan yon kabann diven epi l al devore fatra.

Men, dousman ! M kwè m santi van granmmaten. Ban m fè pawòl kout. M t ap dòmi nan jaden mwen, janm m konn abitye fè chak aprèmidi, a yon lè ki te genyen sekirite, monnonk ou glise antre avèk ji ebenon[15] nan yon flakon, e li vide nan twou zorèy mwen posyon lalèp sila a, ki efè li se enmi san imen li ye, dekwa, kouwè vif-ajan[16], li kouri vit nan pòtay ak wout natirèl kò a, e avèk yon vigè rapid li fije ak kaye yon san ki likid ak gaya, kouwè gout asid nan lèt. Se sa l fè san pa m. Menm lè a, bagay leve sou mwen, kouwè sou zekòs yon pyebwa, kouwè lalèp sou Laza[17], kouvri kò m ki te lis la avèk yon kwout detestab e degoutan. Se konsa, pandan m nan dòmi, yon frè vòlè alafwa lavi mwen, kouwòn mwen, epi madanm mwen. Li desann mwen pandan peche m t ap fleri, san dènye sakreman, san preparasyon, san konfesyon, san m pa met afè mwen ann òd, men li voye m nan jijman mwen avèk tout fòt mwen sou tèt mwen.

Hamlèt : O, terib ! Terib ! Terib !

Espri a : Si ou gen gason ou sou ou, pa aksepte sa. Pa kite kabann wayal Dànmak rete yon divan pou pasyon chanèl, ak ras kabrit dane. Men, nenpòt jan ou pousuiv zafè sila a, pa kite sèvo ou gen tach, nonplis tou pa kite nanm ou fè okenn move konbinezon kont manman ou. Kite l nan men lesyèl, ak nan men pikan ki viv nan sen l yo pou pike l ak mòde l. Orevwa byen vit, koukouwouj ap anonse maten ap pwoche, e dife fèb li a kòmanse ap pali. Orevwa, orevwa, orevwa! Sonje mwen.

(Li soti)

Hamlèt : O, tout lame ki nan syèl la ! O, latè ! Kisa ankò ? E fò m fè zafè ak lanfè ? O, dezonè ! Restrenn, restrenn, restrenn tèt ou, kè mwen ! E oumenm, nè mwen

yo, pa vin vye yon sèl moman, men kenbe m kanpe rèd.
Sonje ou ? Wi, pòv espri, toutotan memwa gen plas pou l chita nan glòb[18] distrè sila a. Sonje ou ? Wi, m ap efase tout ti souvni raz, san enpòtans nan achiv memwa m, tout pwovèb nan liv, tout imaj, tout ansyen enpresyon lajenès obzève ak kopye la, e lòd ou a sèl, poukont li, a viv la nan liv ak nan volim sèvo m, san melanje avèk lòt vye bagay.

Wi, onon disyèl ! O, fanm ki pi pèfid pase tout lòt ! O, trèt, trèt ; yon trèt modi k ap souri ! Kaye m yo, kaye m yo! Se enpòtan pou m ekri jan yon moun kapab ap souri, ap souri, epi l se yon trèt. Omwen mwen sèten sa kab konsa nan Dànmak.

(Li ekri.) Konsa, monnonk, ou la a. Koulye a pou deviz mwen : li se « Orevwa, orevwa ! Sonje mwen. » Mwen fè sèman.

Horesyo : *(Dèyè rido a.)* Ekselans ! Ekselans !

(*Horesyo ak Maselis antre*)

Maselis : Ekselans Hamlèt !

Horesyo : Lesyèl prezève l !

Hamlèt : Ensiswatil !

Maselis : Ilo[19], ho, ho, Ekselans !

Hamlèt : Ilo, ho, ho, tibway ! Vini, zwazo, vini !

Maselis : Kijan sa ye, nòb Ekselans mwen ?

Horesyo : Ki nouvèl, Ekselans ?

Hamlèt : O, mayifik !

Horesyo : Bon, Ekselans mwen, di nou.

Hamlèt : Non, n a v al rakonte.

Horesyo : Pa mwenmenm, Ekselans, m sèmante sou syèl la.

Maselis : Mwenmenm non plis, Ekselans.

Hamlèt : Enben, kisa n di ? Èske kè lèzom ta kapab janm panse yon bagay konsa ? Men n ap kenbe sa pou nou !

Toulède : Wi, onon disyèl, Ekselans.

Hamlèt : Pa janm gen yon trèt ki egziste nan Dànmak si se pa yon bandi fini nèt li ye.

Horesyo : Nou pa bezwen yon espri soti nan tonm li pou di nou sa, Ekselans.

Hamlèt : Wi, se vre ! Sa ou di a se vre ! Konsa, san plis pale anpil, m kwè nou dwe bay lanmen epi n ale. Nou-menm, nan direksyon zafè nou ak bezwen nou, paske tout gason gen zafè yo ak bezwen yo, nenpòt sa yo ye a ; e bò pa mwen, nou wè, m pral priye.

Horesyo : Sa se pawòl vag ki vire won, Ekselans.

Hamlèt : Eskize m ak tout kè, wi, vrèman, ak tout kè, si nou vekse.

Horesyo : Pa gen veksasyon la a, Ekselans.

Hamlèt : Wi, onon de Sen Patrik, men genyen, Horesyo, yon gwo veksasyon tou. Pou sa k konsène vizyon sila a, li se yon bon espri, sa a m kapab di nou. Pou dezi nou genyen pou n konnen sa k pase antre nou an, chache kontwole l jan n kapab. E kounye a, bon zanmi ; e se zanmi, kamarad, ak sòlda nou ye, akòde m yon sèl favè.

Horesyo : Kisa l ye, Ekselans ? Na va fè li.

Hamlèt : Pa janm kite moun konnen sa nou wè aswè a.

Hamlèt

Toulède : Nou pa p janm fè l, Ekselans.

Hamlèt : Non, men fè sèman.

Horesyo : Anverite, Ekselans, m pa p fè l.

Maselis : Mwenmenm nonplis, Ekselans, anverite.

Hamlèt : Jire sou epe mwen.

Maselis : Nou fè sèman deja, Ekselans.

Hamlèt : Wi, fè sèman sou epe mwen ; fè li.

(Espri a rele anba sèn nan)

Espri a : Fè sèman.

Hamlèt : Aha, gason mwen, se oumenm k ap pale a ? Èske ou la a, gason onèt mwen ? Ann avan ! Nou tande mesye a nan kav la. Aksepte pou nou jire.

Horesyo : Di n kisa pou n jire, Ekselans.

Hamlèt : Pou nou pa janm pale de bagay sa a nou wè a. Jire sou epe mwen.

Espri a : *(Anba a.)* Jire.

Hamlèt : *Hic et ubique* (Isi a e toupatou) ? Apresa n ap chanje plas. Vin bò isit la mesye. E mete men nou sou epe m nan ankò. Pou nou pa janm pale de bagay sa a nou tande a : Jire sou epe m nan.

Espri a : *(Anba a.)* Jire sou epe l la.

Hamlèt : Ou pale byen, vye rat. Ou travay vit konsa anba tè a ? Yon bon pyonye. An n ekate kò nou yon lòt fwa ankò, bon zanmi m yo.

Horesyo : O Nuitejou, sa se w fenomèn ki etranj vre !

Hamlèt : Konsa akeyi li antank etranje. Gen plis bagay nan syèl la ak sou latè a pase sa nou ta kab imajine nan filozofi natirèl, Horesyo. Men, vini ! Jire isi a, kouwè toutalè a, pou pa janm, e ke lesyèl ede nou. Si m aji nan nenpòt jan ki etranj oswa dwòl (paske pita li ta kapab, m twouve li konvnab pou m pran pòz fou mwen), noumenm, lè sa a, lè nou wè mwen kwaze bra m konsa, oswa m sekwe tèt mwen konsa, osnon m di kèk pawòl ki pa gen sans, tankou « Bon, bon, nou konnen », oswa « Nou ta kapab, e si nou ta vle », oubyen « Si nou te vle pale », oswa « Sa ta kapab, e sa ta depann de nou », oswa nenpòt kalite siy dwòl—pou nou pa kite moun konprann nou gen okenn sekrè ak mwen. Gras ak mizèrikòd ede nou nan bezwen nou. Jire.

Espri a : *(Anba a.)* Jire.

(Yo jire)

Hamlèt : Kalme ou, kalme ou, Espri ki enkyete ! Konsa, mesye, m ban nou tout afeksyon mwen ; e nenpòt sa yon pòv nonm tankou Hamlèt ye kapab fè pou montre afeksyon ak amitye li anvè nou, si Dye vle, li pa p manke fè li. An n retounen ansanm, e avèk dwèt nou toujou sou bouch nou, m priye nou. Epòk nou an dejwente. O, desten modi, dèske se mwen k te janm fèt pou remete l ann òd ! Non, an n ale, an n ale ansanm.

(Yo tout soti)

Nòt
14. Waf Lete. Nan mitoloji grèk, Lete se yon rivyè nan Hades, kote mò yo ale. Waf li yo fè mò yo bliye tout bagay nèt.
15. Ebenon. (Hebenon ann anglè.) Daprè rechèch, moun pa konnen plant sa a, oswa pwazon sila a. Yon lòt ekriven anglè, Christopher Marlowe, mansyonne « ji ebon » nan yon pyès li ekri ki rele The Jew of Malta (Juif Malt la.)

16. Vif-ajan. Mèki, yon metal.
17. Laza : Yon pèsonaj nan yon parabòl Jezi te bay nan Labib nan Lik chapit 16.
18. Glòb : Yon referans a tèt li, e anmenmtan a non teyat kote Shakespeare te monte pyès li yo.
19. Ilo, ho, ho : Se konsa mèt ramye konn fè pou rele ramye yo.

Ak II

Sèn I

Èlsinò. Kay Polonyis.

(Polonyis ak Renaldo antre)

Polonyis : Ba li lajan sa a ak nòt sa a, Renaldo.

Renaldo : M a fè sa, Ekselans.

Polonyis : Sa ta montre ou gen bon konprann, Renaldo, si, anvan ou al wè li, ou chache konnen kijan l konpòte kò li.

Renaldo : Ekselans, se sa m te gen entansyon fè.

Polonyis : Onondedye, ou pale byen, ou pale byen anpil. Gade non, monchè, chache konnen pou mwen ki Dànwa ki a Pari. Epi kijan, ak kilès, ki mwayen yo, ak kikote yo viv, ki sosyete yo frekante, kòb yo depanse ; e lè ou aprann sa, an pasan sou lè kote ak kesyon sa yo, si yo konnen pitit gason mwen an, konsa w a konn plis pase si ou poze kesyon dirèkteman. Fè kòmsi ou konnen l de lwen, tankou pa egzanp, « M konnen papa l ak zanmi l yo, e m konnen l enpe ». Ou konprann byen, Renaldo ?

Renaldo : Wi, m konprann trè byen, Ekselans.

Polonyis : « E, limenm enpe, men » ou kapab di, « pa twòp. Men si se limenm m kwè a, li gantan devègonde. Li nan vis, sesi, sela ». Epi mete sou do l nenpòt lòt bagay ou vle fabrike—Onondedye, pa anyen ki gwo ase pou avili l—fè atansyon a sa. Men, monchè, bagay dekontwole, vagabonday, ak bagay kouran sa moun konnen ak remake ki akonpaye lajenès ak moun ki liberal.

Renaldo : Kouwè li nan jwe, Ekselans.

Polonyis : Wi, oswa, nan bwè, tire epe, fè sèman, joure, nan fanm. Ou gendwa ale lwen konsa.

Renaldo : Ekselans, sa va avili li.

Polonyis : Non, anverite, si ou konn jan pou adousi akizasyon an. Ou pa dwe ajoute yon lòt chay sou li kòmsi li se yon enkonduit nèt ; se pa sa m vle di. Men, pale de fòt li yo nan yon jan ki tèlman fen yo parèt kòmsi se aktivite moun ki gen libète, etensèl ak piwèt yon sèvo ki plen dife, erè yon san ki pa donte, konpòtman ki kouran pou jèn moun.

Renaldo : Men, Ekselans.

Polonyis : Poukisa pou fè sa ?

Renaldo : Wi, Ekselans, m ta renmen konn poukisa.

Polonyis : Anverite, monchè, men rezon an, e m kwè se yon plan ki san mank. Lè ou mete ti defo senp sa yo sou pitit gason m nan, tankou yon twal ki ta pran yon ti salte nan touche l lè y ap koud li, konprann mwen, moun ou nan konvèsasyon ak li an, moun w ap sonde a, si l konn janm remake okenn nan defo ou mansyonnen yo nan jènjan ou ap pale de li vagman an, l a tonbe dakò ak ou konsa : « Bon moun mwen », oswa « Zanmi mwen », oubyen « Mesye »—, daprè fason ak tit yo adrese moun nan peyi a, ou daprè jan moun nan pale.

Renaldo : Trè byen, Ekselans.

Polonyis : Epi, Mesye, li fè sesi—li fè—Kisa m ta pral di ankò a ? Onondedye, m ta pral di yon bagay ! Kikote m te rive ?

Renaldo : Ou te rive nan «L a tonbe dakò ak ou konsa », ak « zanmi mwen, bagay konsa » ak « Mesye ».

Polonyis : Nan, « L a tonbe dakò ak ou konsa ». Wi, an verite ! L a fini konsa, « M konnen misye ; m te wè l yè, oswa lòtrejou, oswa kilè sa a, oswa tèl ou tèl lè, avèk entèl entèl ; epi, kòm ou di, li t ap jwe ; li te abriti anba bweson, li t ap joure nan yon jwèt tenis » ; oswa, petèt, « M te wè l antre nan tèl kay ki gen move repitasyon, » ki vle di, yon bòdèl, oubyen bagay konsa ». Ou konprann mwen kounye a—zen manti a pran yon pwason laverite. Konsa, noumenm ki malen, ki gen konprann, nan vire won, ak nan pwoche an byè, nou jwenn direksyon nou endirekteman. Men kijan, avèk enstriksyon ak konsèy anvan m yo, ou va konnen sa w bezwen sou pitit mwen an. Ou konprann mwen, pa vre ?

Renaldo : M konprann, Ekselans.

Polonyis : Bondye akonpaye ou ; bon vwayaj !

Renaldo : Ekselans !

Polonyis : Obzève panchan li ak zye pa ou.

Renaldo : Ma fè sa, Ekselans.

Polonyis : E kite l lage ba ou.

Renaldo : Byen, Ekselans.

Polonyis : Orevwa !

(Renaldo soti. Ofilya antre.)

Ebyen, Ofilya ? Sa ou genyen ?

Ofilya : O, Ekselans, Ekselans, m te tèlman pè !

Polonyis : Pè kisa, Onondedye ?

Ofilya : Ekselans, pandan m t ap koud, nan chanm mwen, Ekselans Hamlèt, avèk vès li tou debraye, san chapo sou tèt li, ba li chifonnen, san jatyè, epi ki tonbe makonnen nan jwenti pye li, pal koulè chemiz li, jenou l ap frape youn ak lòt, epi avèk yon rega ki fè tèlman pitye, kòmsi l te lage sot nan nanfè pou l rakonte bagay terib—li parèt devan mwen.

Polonyis : Fou akòz li damou ou ?

Ofilya : Ekselans, m pa konnen ; men vrèman, li fè m pè.

Polonyis : Kisa l di ?

Ofilya : Li pran m nan ponyèt, epi li kenbe m fò ; apresa li ekate kò li longè bra li, epi, avèk lòt men li konsa sou fwon li, li tonbe egzaminen figi m tankou l ta vle desine l. Li rete lontan konsa. Alafen, li sekwe bra m lejèman, epi li sekwe tèt li konsa twa fwa, monte desann ; li lage yon soupi konsa ki tèlman gwo e ki fè tèlman pitye, li sanble li ta ka fè tout kò l eklate epi l detwi lavi l nèt. Lè l fin fè sa, li lage m, epi avèk tèt li tounen sou zepòl li, li sanble li t ap jwenn wout li san zye li, pase l soti san l pa gade kote l prale, epi li fikse zye l sou mwen jis li devire.

Polonyis : Annouwè, vin avèk mwen. M pral chache Wa a. Sa a se foli damou an menm, ki detwi moun nan nèt avèk vyolans li, e ki pouse volonte moun nan fè bagay ki dezespere plis pase okenn lòt pasyon anba syèl la kapab aflije nati nou. Sa fè m lapenn. Men, èske ou di l okenn pawòl di sèjousi ?

Ofilya : Non, bon Ekselans mwen. Men, jan ou te ban m lòd pou m fè a, mwen te repouse lèt li yo e refize l vin kote m.

Polonyis : Sa rann li vin fou. M regrèt m pa t obzève l ak

egzaminen l pi byen anvan m te pase jijman sou li. M te krenn se nan betiz li t ap pase ou, e l te vle ou pèdi lonè ou. Men m modi jan m toujou sispèk tout bagay ! Onon disyèl, se nòmal pou moun laj mwen pouse prekosyon ale twò lwen menm jan li nòmal pou jèn moun yo manke nan konprann yo. An nou wè ; nou pral wè Wa a. Se pou l konnen bagay sila a—si l ret kache li kapab lakòz plis pwoblèm pase sa kòlè tonbe damou an kapab pwovoke. Vini.

(Yo soti)

Sèn II

Èlsinò. Yon sal nan chato a.

(Mizik. Wa a, Rèn nan, Wozennkrentz, ak Gildennstèn, ak lòt moun, antre)

Wa a : Labyenveni, chè Wozennkrentz, ak Gildennstèn ! Apa anvi n te anvi wè n anpil, bezwen nou genyen pou sèvis nou pouse nou voye chache nou tousuit. Èske nou tande anyen sou transfòmasyon Hamlèt la ? Se konsa m rele li ; pase ni esteryè li ni enteryè li youn pa sanble nonm li te ye anvan an. Sa sa ta kab ye, apa de lanmò papa l la, ki ta kapab mete l tèlman nan yon eta ki fè tèt li distrè konsa a, m pa kab imajine. M priye nou toulède ki leve avè l depi nou te jèn, e ki gen menm laj ak men gou ak li, pou nou aksepte rete isit la nan chato a pou yon ti tan, dekwa pou nan kenbe l konpayi nou, nou kapab dirije l vè direksyon pran plezi, epi pou n ta ka aprann tout sa nou ta jwenn mwayen obzève sou kisa l genyen k ap akable l konsa a pèsonn pa konnen an, e si li ta dekouvri, li ta montre n jan pou nou geri li.

Rèn nan : Chè mesye, li pale de nou anpil ; e m sèten pa gen de lòt moun ki ekziste li pi atache ak yo pase nou. Si sa ta fè nou plezi pou nou ta akòde n plis koutwazi ak byenveyans pou nou ta rete pi lontan isit la avèk nou pou yon ti tan, dekwa pou n ede nou reyalize bi nou espere a, vizit nou an ta resevwa remèsiman ki a lawotè rekonpans yon Wa.

Wozennkrents : Majeste yo, avèk pouvwa wayal nou toulède genyen sou nou an, nou ta ka pran bon demann nou krenn nan, fè l tounen yon lòd olye de yon priyè.

Gildennstèn : Men nou toulède obeyi, e isit la menm nou rann tèt nou, e koube nou nèt pou n mete sèvis nou a dispozisyon nou ak tout kè pou nou resevwa lòd nou.

Wa a : Mèsi, Wozennkrentz avèk Gildennstèn nonm dou.

Rèn nan : Mèsi, Gildennstèn avèk Wozennkrentz nonm dou. E m priye nou tanpri, al vizite pitit gason m nan ki chanje twòp deja la a, koulye la a. Ale, enpe ladan nou, e kondui mesye sa yo kote Hamlèt ye a.

Gildennstèn : Nou mande pou Lesyèl rann prezans nou ak swen nou yo agreyab anvè li e pou yo ede li.

Rèn nan : Wi, amèn !

(Wozennkrentz ak Gildennstèn sòti ansanm ak kèk lòt sèvitè. Polonyis antre)

Polonyis : Bon Ekselans mwen, anbasadè yo retounen kè kontan sot Nòvèj.

Wa a : Ou te toujou papa bon nouvèl.

Polonyis : Toutbonvre, Ekselans ? Asire ou, bon souvren mwen, devwa mwen ak nanm mwen devwe an menm tan a Bondye e a bonjan Wa mwen ; e mwen kwè—sòvsi sèvo m sa a pa malen nan suiv dewoulman bagay jan l konn fè a—mwen jwenn rezon menm ki fè Hamlèt distrè a.

Wa a : O, pale non ! Sa a, m ta renmen tande l.

Polonyis : Resevwa anbasadè yo anvan ; nouvèl mwen an a sèvi kòm desè pou gran fèt sa a.

Wa a : Fè yo onè a oumenm, e mennen yo antre.

(Polonyis soti)

Machè Jètrid, li di mwen li jwenn tèt ak sous twoub pitit gason w lan.

Rèn nan : M doute li anyen dòt pase rezon prensipal sila a : lanmò papa l la avèk maryaj twò vit nou an.

Wa a : Enben, nou va bat vant li.

(Polonyis, Vòltiman, ak Kònelyis antre)

Labyenveni, bon zanmi m yo. Di m non, Vòltimann, ki nouvèl ou pote de Nòvèj, frè nou ?

Vòltimann : Salitasyon ki voye retounen avèk ve ki pi bon. Depi premye antrevi nou an, li voye lòd bay neve l lan pou l sispann rasanbleman twoup li t ap fè a, bagay ki te parèt nan zye li kòm preparasyon kont Polonè yo. Men lè li egzaminen sa pi byen li wè se te pito kont Majeste w li ta p dirije yo. Fache dèske yo pran avantaj de maladi li, de laj li, feblès li, pou pran l nan fent, li fè arete Fòtennbras, ki obeyi menm lè a, ki jire devan monnonk li li p ap janm eseye pran lèzam kont Majeste ou. Konsa, paske vye Nòvèj vin anvayi ak kè kontan, li ba li twa mil kouwòn kòm salè anyèl li, avèk lòd pou l anplwaye sòlda sa yo li rasanble yo, kont Polonè yo. Anmenmtan li sipliye ou, pi plis nan sila yo *(Li ba li yon papye)* pou ta tanpri kite yo pase trankilman nan mitan domèn ou pou pwojè sila a, avèk tèl kondisyon ak garanti ki pwopoze isit la.

Wa a : Sa fè n plezi anpil ; e lè n gen tan ki pi konvnab pou konsidere sa, n a li, reponn, ak panse a zafè sila a. Antretan, nou remèsye nou pou bon travay nou. Al repoze nou; aswè n a fete ansanm. Nou akeyi anpil retou nou lakay nou.

(Anbasadè yo soti)

Polonyis : Zafè sila a fini byen. Chèf mwen, e Madam, diskite kisa grandè dwe ye, kisa devwa ye, poukisa lajounen se lajounen, lannwit, lannwit, e tan, tan, sa ta anyen dòt pase gaspiye lannwit, lajounen, ak tan. Konsa, piske pale kout se nanm lespri, e pale anpil se manm ak flè ki a leksteryè, m va pale kout. Pitit nòb nou an fou. M rele sa fou ; paske pou defini kisa foli ye toutbonvre, kisa sa ye sinon pou ta fou tousenpleman ? Men an n kite sa.

Rèn nan : Plis fè avèk mwens a.

Polonyis : Madam, m jire m pa anplwaye okenn a ditou. Lefèt li fou, se laverite, lefèt se laverite, se yon pitye ; e se yon pitye li se laverite. Men yon mwayen ki bèt ! Mwen di li orevwa pase m pa pral anplwaye okenn a. An n admèt li fou ; koulye a li rete pou nou jwenn lakòz efè sila a—oswa, di okontrè, lakòz defèt sila a, paske efè defèt sila soti nan yon kòz. Se konsa sa rete, e rès la se konsa. Konsidere. M gen yon pitit fi (genyen li pandan li pou mwen), ki, nan fè devwa li ak nan obeyisans li, pran nòt, remèt mwen sila a. Koulye a, reflechi, e tire konklizyon.

(Li li lèt la)

A diven an, idòl nanm mwen an, bèl ki pi bèl la, Ofilya.

Sa se yon move fraz, yon fraz vilgè, « bèl ki pi bèl », se yon ekspresyon vilgè ; men nou pral tande. Men :

(Li li)

Nan bèl kalite sen blan ou nan, kenbe sa a !

Rèn nan : Se Hamlèt ki voye sa a ba li ?

Polonyis : Chè Madam, rete koute. M ap li li mo pou mo.

(Li li)

Ou mèt doute etwal se dife ;
Doute solèy konn deplase ;
Doute laverite se yon mantè ;
Men pa janm doute mwen damou.

Hamlèt

O, chè Ofilya, mwen pa konn ekri vè pwezi byen ; mwen pa gen a pou m konte soupi mwen pouse ; men, ke m renmen ou ak tout kè, O, plis pase tout bagay, kwè li. Orevwa. Mwen a ou pou toujou, trè chè dam, pandan machin kò m sa a pou mwen toujou, Hamlèt.

Men sa, nan obeyisans li, pitit fi m nan montre mwen. E li rapòte plis toujou pase sa ou tande la a, tout deklarasyon li fè li, ki lè, ki jan, ki kote, li rakonte m tout.

Wa a : Men, kijan li resevwa deklarasyon damou li an ?

Polonyis : Kisa ou panse de mwen ?

Wa a : Sa m dwe panse de yon nonm ki lwayal ak onorab.

Polonyis : M ta vle rete konsa toujou. Men kisa ou ta panse si lè m te wè gwo lanmou cho sa a ap voltije (paske m te apèsi li, m gen dwa di ou sa, anvan piti fi m nan te di m sa), kisa oumenm oswa chè Majeste m nan, Rèn nan la a, ta panse, si m te kenbe enfòmasyon an anndan mwen tankou yon biwo oswa yon albòm, oswa m kite kè m fè m ret an silans, m pa di anyen, oubyen m gade zafè lanmou sila a epi m fèmen je m ? Kisa ou ta panse ? Non, m vire won pou m travay, epi m pale ak jèn madmwazèl mwen an konsa : « Ekselans Hamlèt se yon prens, ki pa nan zetwal ou. Sa pa ka fèt. » Apresa mwen ba li lòd kache kò l pou l pa kite l jwenn ak li, pa aksepte okenn mesaj, pa resevwa okenn kado. Lè m fini, li pran konsèy mwen yo a fon, e limenm, ki repouse, pou pale kout, tonbe nan yon lapenn, apresa nan pa manje, apresa nan pa dòmi, apresa nan feblès, apresa li vin distrè, epi sa vin pi mal, li tonbe nan foli kote l ap divage koulye la a, e noutout nou pran dèy pou sa.

Wa a : Ou kwè se sa ?

Hamlèt

Rèn nan : Se kapab sa vre.

Polonyis : Èske te gen okenn lè—m ta renmen konnen—lè m te di egzakteman, « Se konsa » epi nou jwenn se pa t konsa ?

Wa a : Jamè dapre sa m kwè.

Polonyis : *(Lonje dwèt li sou tèt li ak zepòl li.)* Wete sa a sot sou sa a si se pa konsa sa ye. Toutotan sikonstans gide mwen, m ap dekouvri verite a kote l kache a, menmsi l kache nan nannan latè a.

Wa a : Kouman pou n konnen pou sèten si se sa vre ?

Polonyis : Ou konnen gendefwa li mache katrè desuit isit la nan antre a.

Rèn nan : Wi li fè sa vre.

Polonyis : Lè n jwenn li ap fè sa m ap lage pititfi m nan sou li. Mwenmenm avè ou ap kache dèyè yon paravan lè sa a. Na obzève rankont la. Si l pa damou li, e se pa sa k fè l pèdi tèt li, pa kite m pran pa nan konsèy leta ankò, men se pou m al fè fèmye ak pouse bourèt.

Wa a : An n eseye sa.

(Hamlèt antre; l ap li yon liv)

Rèn nan : Men gade jan pòv malere a ap vin la a, l ap li tou tris.

Polonyis : Ale, mwen mande nou tanpri, noutoulède ale ! M vle abòde li koulye la a. O, eskize m.

(Wa a ak Rèn nan soti avèk sèvitè yo)

Kijan bon Ekselans Hamlèt mwen an ye ?

Hamlèt : Byen, gras a Dye mèsi !

Polonyis : Ou rekonèt mwen, Ekselans ?

Hamlèt : Wi, trè byen. Ou se yon machann pwason.

Polonyis : Non, Ekselans.

Hamlèt : Se konsa m ta renmen ou ta ye yon nonm onèt menmjan ak yo.

Polonyis : Onèt, Ekselans ?

Hamlèt : Wi, Mesye. Pou jwenn yon moun onèt, jan lemonn ye koulye la a, fò w pase sou dimil pou chwazi yon sèl.

Polonyis : Sa se vre menm, Ekselans.

Hamlèt : Paske si solèy[20] la fè vè leve nan yon chyen ki mouri—etandone li se yon bondye ki pwodui vè lè li bo yon charony—Èske ou gen yon pitit fi ?

Polonyis : Wi, m genyen youn, Ekselans.

Hamlèt : Pa kite l mache anba solèy la. Konsepsyon[21] se yon benediksyon, men kòm pitit fi ou la kab konsevwa, zanmi, fè atansyon.

Polonyis : *(Apa.)* Sa ou vle di lè ou di sa a ? L ap kontinye rabadja sou pitit fi m nan toujou. Men li pat rekonèt mwen anvan sa. Li di m te yon machann pwason. Tèt li fin ale nèt, nèt ! E vrèman, nan jenès mwen, m te soufri yon pakèt bagay akòz lanmou—prèske rive menm jan an. M pral pale ak li ankò. Kisa ou ap li, en, Ekselans ?

Hamlèt : Mo, mo, mo.

Polonyis : Sa gen sijè a kisa, Ekselans ?

Hamlèt : Ant kimoun ?

Polonyis : M vle di, ki sijè ou a p li la a, Ekselans ?

Hamlèt : Medizans, Mesye ; paske radòtè a nan sati[22] li a di, vye Tonton genyen bab blan ; figi yo gen pli ; je yo fè lasi jòn epè tankou gonm pye prin, epi yo genyen yon gwo dizèt nan lespri yo, ansanm ak yon gran feblès nan jarèt yo. Tout bagay sa yo, Mesye, aktout mwen kwè yo nèt ak tout fòs mwen, m pa twouve se yon bagay ki onorab pou mete yo sou papye. Paske oumenm, Mesye, ou ta ka gen menm laj ak mwen si, tankou yon krab, ou te kab mache ann aryè.

Polonyis : *(Apa.)* Kwak sa se yon foli, kanmèm, genyen rezònman ladan l. Ekselans, ou pa ta soti la a ou fè yon ti chanjman d è ?

Hamlèt : M al nan tonm mwen ?

Polonyis : Toutbonvre sa ta yon chanjman d è. *(Apa)* Repons li yo gentan gwòs gen defwa ! Ala yon bèl bagay, jan foli souvan kapab akonpli sa rezònman ak bonsans atandiske pa kapab pwodui oswa akouche. Te m kite l, epi fòje mwayen menm lè a pou m fè pitit fi m nan ak li rankontre. Onorab Ekselans mwen, byen enbleman, m ap pran konje de ou.

Hamlèt : Ou pa kapab pran anyen de mwen, Mesye, m pa ta ba ou avèk tout volonte mwen, eksepte vi mwen, eksepte vi mwen, eksepte vi mwen.

(Wozennkrentz ak Gildennstèn antre)

Polonyis : Pòte ou byen, Ekselans.

Hamlèt : Vye radòtè anbetan sa yo !

Polonyis : N ap chache Ekselans Hamlèt. Men ni la a.

Wozennkrents : *(Adrese Polonyis.)* Bondye pwoteje ou, Mesye !

(Polonyis soti)

Gildennstèn : Onorab Ekselans mwen !

Wozennkrents : Trè chè Ekselans mwen !

Hamlèt : Bonjan zanmi m yo ! Kijan ou ye, Gildennstèn ? A, Wozennkrents ! Bon jènjan yo, kijan nou toulède ye ?

Wozennkrents : Tankou pifò timoun sou latè.

Gildennstèn : Kontan dèske nou pa kontan twòp. Nou pa plim sou chapo Lachans.

Hamlèt : Ni semèl anba soulye l nonplis tou ?

Wozennkrents : Ni youn ni lòt, Ekselans.

Hamlèt : Konsa nou viv nan zòn ren[23] li, nan mitan favè li ?

Gildennstèn : Anverite, nou se zanmi an prive li.

Hamlèt : Nan pati sekrè Lachans ? O, vrèman vre ! Li se yon chanbrèy. Ki nouvèl ?

Wozennkrents : Okenn, Ekselans, sòf lemonn vin onèt.

Hamlèt : Konsa lafen dimonn pre rive ! Men nouvèl nou an pa laverite. Te m poze n yon kesyon ki pi pèsonèl. Kisa nou fè, bon zanmi m yo, ki fè nou merite Lachans voye nou nan prizon isit la ?

Gildennstèn : Nan prizon, Ekselans ?

Hamlèt : Dànmak se yon prizon.

Wozennkrents : Si se pou sa se sa lemonn ye.

Hamlèt

Hamlèt : Youn ki byen gran, ki gen anpil selil ladan l, anpil kacho, ak anpil gwòt. Dànmak se youn nan sa k pi mal yo.

Wozennkrents : Nou pa panse konsa, Ekselans.

Hamlèt : Enben, konsa se pa sa l ye pou nou ; paske nanpwen anyen ki ni bon ni mal, se sèlman jan n panse a ki fè se konsa l ye. Pou mwen li se yon prizon.

Wozennkrents : Enben, se anbisyon ou ki fè se sa l ye. Li twò etwat pou lespri ou.

Hamlèt : O, Bondye, m t a ka fèmen nan yon ti grenn zanmann, e m ta konsidere tèt mwen tankou m te yon Wa ki gen yon pakèt espas sou lobedyans li, si se pa t pou move rèv m fè.

Gildennstèn : Rèv yo, toutbonvre, se anbisyon yo ye ; paske tout esansyèl yon anbisyon se lonbray yon rèv sèlman li ye.

Hamlèt : Yon rèv, poukont li, se pa anyen sinon yon lonbray.

Wozennkrents : An verite, e m konsidere anbisyon kòm yon kalite ki tèlman plen van e ki tèlman leje, li pa anyen pase lonbray yon lonbray.

Hamlèt : Nan ka sa a moun nou yo k ap mande lacharite yo se yo ki gen pwa, epi Wa nou yo ak ewo depase lè bòn nou yo, se yo ki lonbray moun k ap mande lacharite yo. Nou vle retounen nan palè a ? Paske, franchman, m pa ka rezonnen.

Yo Toulède : N ap suiv ou.

Hamlèt : Non, pa gen bagay konsa ! M pa vle klasifye nou menm jan ak rès moun ka p sèvi m yo ; paske, pou m pale avèk nou onètman, m pa byen akonpaye menm. Men, pou n pale antank zanmi, kisa k mennen nou Èlsinò ?

Wozennkrents : Pou vizite ou, Ekselans mwen ; pa gen lòt rezon, non.

Hamlèt : Mwen se malere vre ; m pòv ata nan bay remèsiman. Men, m remèsye nou ; e sètènman, bon zanmi m yo, remèsiman m yo pa menm vo mwatye yon kòb. Se pa voye yo te voye chèche nou ? Se noumenm ki te gen anvi vini poukont nou ? Se yon vizit nou fè ak pwòp volonte nou ? Annavan, pale fran avèk mwen. Annavan, annavan ! Pale, non.

Gildennstèn : Kisa pou n di, Ekselans mwen ?

Hamlèt : Nenpòt bagay, men reponn kesyon an. Yo te voye chache nou; e gen yon espès de konfesyon nan rega nou, pidè nou genyen an pa rize ase pou kache li. M konnen bon Wa a ak Rèn nan te voye chache nou.

Wozennkrents : Nan ki bi, Ekselans mwen ?

Hamlèt : Sa a se noumenm ki pou aprann mwen li. Men, kite m fè apèl a dwa nou antank zanmi, onon de jènès nou nou pase ansanm, onon de obligasyon amou nou ki tennfas toujou, e onon de nenpòt bagay ki gen plis valè yon moun miyò pase m ta ka ap fè apèl a li, pale onètman ak franchman avè m ; di m si yo te voye chache nou, wi ou non.

Wozennkrents : *(Apa, l adrese Gildennstèn.)* Kisa ou di ?

Hamlèt : *(Apa.)* Non, konsa, m ap kenbe je m sou nou. Si nou renmen m pa kache m anyen.

Gildennstèn : Ekselans, se voye yo te voye chache nou.

Hamlèt : M ap di nou poukisa. Konsa, gras a presantiman m, nou p ap bezwen devwale m anyen, e nou p ap kase pwomès nou te fè Wa a ak Rèn nan. Depi dezoutwa jou—men poukisa m pa konnen—m pèdi kèkontan m, m abandone tout aktivite lontan m yo ; e toutbonvre, sa tèlman aji sou konpòtman m, latè a, bèl kreyasyon sila a, parèt nan zye m tankou yon kote sou wotè ki pa pwodui ; bèl kalite vout syèl sila a, atmosfè a, ou tande mwen, bonjan espas ki pann anlè a, gwo kokenn plafon sa a, dekore avèk dife ann ò—gade, li parèt pou mwen pa plis pase yon pakèt vapè movèz odè ak pouriti ki rankontre ansanm. Ala yon bèl travay lòm ye ! Ala onorab li onorab nan jan l rezonnen ! Ala san limit fakilte l yo san limit ! Ala fòm li ak mouvman li yo egzat ak admirab ! Ala l tankou se yon zanj nan aksyon li ! Ala l tankou se yon bondye nan panse li ! Se li k pi bèl nan lemonn ; pami bèt yo se li ki ideyal. Epoutan, pou mwen, kisa nwayo pousyè sa a ye ? Lòm pa fè m plezi—non, ni fi nonplis tou, kwak nan jan n ap souri a, sanble n vle di se pa konsa.

Wozennkrents : Ekselans, pa t gen bagay konsa nan panse m.

Hamlèt : Alò poukisa ou ri, lè m di « Lòm pa fè m plezi » a ?

Wozennkrents : M t ap panse si ou pa pran plezi nan lòm, ki kalite movèz akèy w a va fè aktè yo. Nou kwaze yo nan wout la, e y ap vin isit la pou ofri ou sèvis yo.

Hamlèt : Sa k ap jwe Wa a a byenn akeyi. Majeste a a resevwa elòj mwen ; chevalye eran an va gen epe li ak boukliye li ; zanmoure a p ap soupire anven ; nonm k ap plenyen an a fini wòl li a anpè ; sa k komik la a fè moun ki gen poumon yo tou pare pou ri lè yo zatouyèt yo an ri, e dam nan va di sa k nan lide li libreman sòv si rit powetik li an pa bon. Ki twoup yo ye ?

Wozennkrents : Menm sa k te konn fè ou plezi anvan yo ; twoup teyat vil la.

Hamlèt : Sa k pase ki fè yo anbilan ? Yon lokal fiks ta pi bon pou yo, ni pou repitasyon yo, ni pou yo fè pwofi.

Wozennkrents : M kwè rezon an se akòz de dènye renovasyon an ki restrenn yo.

Hamlèt : Èske yo gen menm estim pou yo ak lè m te lavil la ? Èske yo suiv yo menm jan an ?

Wozennkrents : Non, pa menm jan an ditou.

Hamlèt : Sa k pase ? Èske yo kòmanse ap vin wouye ?

Wozennkrents : Non, devouman yo p ap ralanti ; men, Mesye, genyen yon gwoup timoun, tizwazo ki fèk kouve, k ap resite tout bagay tout lajè gòj yo, e y ap aplodi yo avèk firè pou sa. Se sa k alamòd kounye a, e yo tèlman pase teyat òdinè yo (jan yo rele yo an) nan rizib, sa ki pote epe yo pè sa ki pote plim zwazo yo, yo pa oze al la ankò.

Hamlèt : Kisa ? Se timoun yo ye ? Kimoun ki antretni yo ? Kijan yo peye yo ? Èske y ap kontinye fè menm metye a apre vwa yo chanje ? Èske apresa yo p ap di, si yo vin grandi pou yo tounen aktè òdinè yomenm (bagay ki pwobab, si mwayen yo pa amelyore) jan ekriven yo fè yo tò, lè yo fè yo pale kont sa k ap vin pwòp travay yo demen ?

Wozennkrents : An verite ! Te gen anpil pale anpil lè de kote ; e peyi a pa twouve sa twòp pou l pouse yo joure. Te gen ou lè, moun te tèlman enterese nan polemik sila a, yo pa t achte pyès teyat sòv si powèt la ak aktè a t ap t batay sou pwen an.

Hamlèt : Èske sa se bagay ki posib ?

Gildennstèn : O, gen anpil sèvèl ki voltije kraze deja.

Hamlèt : Èske tigason yo gen laviktwa ?

Wozennkrents : Wi, Ekselans—yo ranpòte Èkil[24] avèk fado l la tou.

Hamlèt : Sa pa etone m, paske monnonk mwen Wa Dànmak, e moun ki t a fè l grimas lè papa m te vivan, ap bay ven, karant, senkant, ak san dika chak pou yon ti pòtre li. M jire sou san Bondye, gen w bagay nan sa ki pa natirèl. Si filozofi te ka esplike li !

(Ochan ak twonpèt pou twoup aktè yo).

Gildennstèn : Men aktè yo.

Hamlèt : Mesye, byenveni nan Èlsinò. Vini m ban n lanmen ! Ospitalite mande koutwazi ak byenveyans. Ban m fè devwa m an règ, pou akèy mwen bay aktè yo—ki fò m di nou, dwe gwo anpil—pa parèt plis pase sa m ban nou an. Byenveni. Men, Monnonk-papa ak Matant-manman fè erè.

Gildennstèn : Nan kisa, Chè Ekselans mwen ?

Hamlèt : Mwen fou nan direksyon Nò-al-Nòdwès sèlman. Lè van an soufle sot nan Sid, mwen konn diferans ant yon malfini ak yon krabye.

(Polonyis antre)

Polonyis : M salye nou, mesye.

Hamlèt : Koute, Gildennstèn—e oumenm tou—pou chak zòrèy, yon moun k ap koute ! Gwo bebe ou wè la a poko soti nan ti kazak li.

Wozennkrents : Erezman se dezyèm fwa yo sou li ; paske yo di yon tonton vin timoun de fwa.

Hamlèt : M ap pwofetize pou m di l ap vin pale m de aktè yo. Gade pou wè.—Sa ou di a se vre, Mesye, se te yon lendi maten—se te sa vre.

Polonyis : Ekselans, m gen yon nouvèl pou m ba ou.

Hamlèt : Ekselans, mwen gen yon nouvèl pou m ba ou : Lè Wosiyis[25] te yon aktè a Wòm.

Polonyis : Aktè yo fèk rive isi, Ekselans.

Hamlèt : Bzi, bzi !

Polonyis : Wi, bon pawòl.

Hamlèt : Lè sa a chak aktè vini sou bourik li.

Polonyis : Meyè aktè sou latè, kit pou trajedi, komedi, listwa, pastoral, pastoral-komik, istorik-pastoral, trajik-istorik, trajik-komik-istorik-pastoral ; sèn endivizib, oswa powèm san limit, Senèk pa ka twò lou, ni Plotis twò leje. Paske konsènan obzève règ konpozisyon ak libète pou esprime, pa gen lòt moun pase nonm sa yo.

Hamlèt : O, Jefte[26], jij Izrayèl, ala yon trezò ou te genyen !

Polonyis : Ki trezò l te genyen, Ekselans ?

Hamlèt : Enben

Yon bèl pitit fi, e pa plis,
Li te renmen plis pas tout bagay

Polonyis : *(Apa.)* Li sou pitit mwen an toujou.

Hamlèt : Èske sa m di a se pa vre, Tonton Jefte ?

Polonyis : Si ou rele m, Jefte, Ekselans, sèke m genyen yon pitit fi mwen renmen plis pase tout bagay.

Hamlèt : Non, se pa suit la sa.

Polonyis : Kisa ki suiv alò, Ekselans ?

Hamlèt : Enben,

> *Kòm yon tiray osò, se Bondye ki konnen,*

Epi, ou konnen,

> *Li vin rire, kòm se te pwobab.*

Premye kouplè chanson relijye sila a va aprann ou plis ; paske, gade, jan m oblije koupe sa la.

(Kat ou senk aktè antre)

M byen kontan nou vini, mèt yo ; byenveni a nou tout.—M kontan wè nou pòte nou byen.—M byen kontan wè n, bon zanmi m yo.—O, vye zanmi mwen ? Gade jan figi ou gen yon franj[27] depi dènye fwa m te wè l la. Èske ou vin Dànmak pou fè m labab ? E ou menm, jèn tidam[28], mètrès mwen ? Lasentvyèj ! Madmwazèl la pi pre lesyèl pase dènye fwa m te wè l la ; li gen wotè yon soulye italyen ajoute sou li. An n priye Bondye vwa ou, tankou yon pyès ann ò yo wete nan sikilasyon, pa gen sèk li krake. Mèt yo, m kontan wè nou tout. Fè travay nou vit ; tankou Fransè ki gen talan nan antrene ranmye[29] yo, n ap fonse sou nenpòt sa n wè. N ap fè yon diskou menm lè a. An nou wè, ban nou yon ti goute pou n wè kalite ou. An nou wè, ban nou yon diskou pasyonnen.

Premye aktè a : Kikalite diskou, bon Ekselans mwen ?

Hamlèt : M te tande ou resite yon diskou pou mwen yon fwa ; men yo pa t jwe li sou sèn nan ; oswa, si yo te fè li se pa t plis pase yon fwa, pyès la, m sonje, pa t fè foul la plezi. Se te kouwè kaviya[30] pou lamas ; men, li te (jan m te pran l lan, ak jan lòt moun ki gen jijman ki depase m nan bagay sa yo te pran li) yon pyès ki te ekselan, byen repati nan sèn yo, ekri tank ak rezèv k avèk konprann. M sonje yon moun te di pa t gen asezonnman nan liy yo pou fè sijè a gen bon gou, nonplis tou pa t gen anyen nan estil la ki ta ka montre otè a t ap fè enteresant. Men fason l te fèt la te onèt, fen, e agreyab, e li te gen plis gangans pase l te woywoy. Yon diskou ladan l m te pi renmen se te diskou Ene[31] pwononse bay Didon[32], espesyalman kote ladan l li pale de asasina Priyam.[33] Si ou gen moso sa a nan tèt ou, kòmanse nan pati sa a. Ban m wè, ban m wè :

Piris[33], cheve l kanpe kouwè bèt Ikanani an.

Non, se pa sa, li kòmanse avèk Piris :

Piris, cheve kanpe, limenm ki te gen zam tou nwa a,
Tou nwa kouwè entansyon li, sanble ak lannwit
Lè l te kouche akokiye nan cheval malefik la,
Te badijonnen figi malveyan nwa li a
Avèk dekorasyon pi efreyan.
Depi sot nan tèt vin nan pye
Koulye a li tou wouj nèt. Kolore malouk
Avèk san papa, manman, pitit fi, pitit gason,
Ki kuit e ki fè yon pat sou li akòz lari yo ki an flam,
Ki prete yon limyè anraje, modi bay masak li yo,
Griye nan kòlè ak nan dife,
E konsa, glasiye ak san kaye,
Avèk zye wouj klere, Piris andyable sila a,
Ap chache Priyam, gran pèsonaj aje a.

Koulye a, kontinye.

Polonyis : Ekselans, devan Bondye, ou resite byen, ak bon aksan e bon mezi.

Premye aktè a :
    Li jwenn li tousuit,
    Li lanse kont Grèk yo kou ki twò
    kout. Ansyen epe l la
    Rebele kont bra li, rete kote l tonbe a,
    Li fè tètdi kont lòd la. Yon konba ki pa egalego,
Piris avanse kont Priyam, nan raj li li frape akote ;
    Men, bri ak van epe mòtèl l li a sèlman,
    Fè pèsonaj ennève a tonbe. Apresa,
    Iliyòm[35], san pisans,
Tankou li santi kou sila a, avèk fetay li ki an flam,
    Li tonbe sou fondasyon li, e, avèk
    yon bri efreyan efondre,
Ki fè zòrèy Piris prizonye. Paske tande ! Epe li a
Ki t ap desann sou tèt cheve blan tankou lèt
Onorab Priyam nan, sanble l rete kole nan lè a.
Konsa, kouwè yon diktatè pentire, Piris kanpe,
    E, net ant volonte l ak aksyon li,
    Li pa fè anyen.
    Men, kouwè nou konn abitye wè,
    lè yon movetan ap pwoche,
Gen yon silans nan syèl la, nyaj yo rete kanpe,
Van fewòs yo ret san pale, e glòb anba a
    Bèbè kouwè lanmò, epi, menm lè a,
    yon kalite kout loray efreyan
Dechire zòn nan ; konsa tou apre Piris fije a,
Yon vanjans anraje fè l rekòmanse travay li,
    E jamè, mato Siklòp[36] yo pa t tonbe
Sou zam Mas[37], ki te fòje pou konba etènèl,

> *Avèk mwens remò pase epe sanglan Piris la*
> *Tonbe koulye la a sou Priyam.*
> *Ale, ale, Chans, chanbrèy ! Noutout, bondye yo,*
> *Reyini nan asanble jeneral, retire pouvwa li ;*
> *Kraze tout reyon ak tout jant wou*[38] *li yo,*
> *E woule sèk nan mitan wou an*
> *desann soti nan syèl la*
> *Rive jis anba jwenn demon yo !*

Polonyis : Li twò long.

Hamlèt : N a voye l ka kwafè ansanm ak bab ou… Tanpri, kontinye. Li renmen yon blag oswa yon istwa ki gen move gou. Si se pa sa l ap dòmi. Kontinye ; rive sou Hekiba.[39]

Premye aktè a : *Men moun sa a, moun sa ki te wè rèn nan vlope byen cho.*

Hamlèt : « Rèn nan vlope byen cho ? »

Polonyis : Li bon ! « Rèn nan vlope byen cho » bon.

Premye aktè a :

> *Ap kouri pye atè, ale vini, ap menase flam yo*
> *Avèk dlo nan zye l ap avegle l ;*
> *avèk yon moso twal sou tèt li*
> *Kote dyadèm nan te ye anvan an,*
> *kanpe, e pou yon wòb,*
> *Toutotou ren li ki konplètman afebli nan fè pitit,*
> *Yon dra, li pran nan alame l alame ak krentif.*
> *Moun ki ta wè sa, lang li tranpe nan pwazon koulèv,*
> *Ta deklare Chans koupab nan trayizon*
> *nan kontwòl li genyen an.*
> *Men si Bondye yo yomenm te wè li lè sa a,*
> *Lè li wè Piris ap fè yon move jwèt*
> *Nan koupe manm mari l yo ak epe li,*

Gwo kokenn rèl li fè menm lè a
(Sòvsi bagay mòtèl pa briding yo ditou)
T a fè dlo koule nan zye syèl la k ap brile
a, ak bay Bondye yo gwo emosyon.

Polonyis : Gade, si l pa chanje koulè, ak gen dlo nan zye l. Tanpri, ase !

Hamlèt : Trè byen. M a fè ou resite rès la toutalè. Chè Mesye, èske ou kapab wè aske yo pran swen aktè yo byen ? Ou tande ? Fè aske yo gen rega pou yo ; paske yo se rezime ak rejis rakousi tan an. Apre ou mouri li ta miyò pou ou pou ta gen yon move bagay ekri sou tonm ou olye de move rapò yo pandan ou an vi.

Polonyis : Ekselans, m a trete yo selon merit yo.

Hamlèt : Bondye ! Miyò pase sa, zanmi mwen ! Trete chak moun dapre sa l merite, kimoun, alò, k a chape anba baton ? Trete yo jan onè ou ak diyite pa ou ta merite yo trete ou. Mwens yo merite se pi byen pou trete yo. Mennen yo ale.

Polonyis : Mèsye, vini.

Hamlèt : Suiv li, zanmi m yo. N a monte yon pyès demen.

(Polonyis ak aktè yo soti sòf pou premye aktè a)

Koute mwen, bon zanmi m, èske ou kab jwe «Asasina Gonzago » ?

Premye aktè a : Wi, Ekselans.

Hamlèt : N a jwe l demen swa. Ou ta kapab, si n bezwen, etidye yon pasaj douz a sèz liy m ta ekri epi ajoute ladan l, pa vre ?

Premye aktè a : Wi, Ekselans.

Hamlèt : Trè byen. Suiv Misye sa a—e fè atansyon pou ou pa pase l nan betiz.

(Premye aktè a soti)

Bon zanmi m yo, m ap kite nou ; n a wè aswè. M byen kontan nou vini Èlsinò.

Wozennkrents : Bon Ekselans mwen !

Hamlèt : Wi, wi, Bondye avèk nou !

(Wozennkrents ak Gildennstèn soti)

Kounye a m poukont mwen. Ala yon salopri ak yon esklav moun mòn mwen ye, en ! Èske se pa yon bagay ki depase lèbòn pou aktè sila a, nan yon bagay ki pa reyèl sèlman, nan yon rèv pasyonnen, li te kapab fòse nanm ni tèlman nan pwòp imajinasyon li, jis li rive fè figi l chanje, dlo sot nan je l, li sanble l distrè, vwa l tranble, e tout sa l fè met ansanm pou l parèt tankou pèsonaj l ap jwe a ? E tousa pou anyen ! Pou Hekiba ! Sa Hekiba ye pou li, oswa kisa l ye pou Hekiba, pou l ap kriye pou li a ? Kisa l ta fè si l te gen rezon m genyen ak dekwa pou fè l soufri menm jan ak mwen ? Li ta fè sèn nan nwaye nan dlo je, ak fè zòrèy piblik la kreve anba pawòl di ; fè sa k koupab yo fou e sa k inosan yo pè, met sa k iyoran yo nan konfizyon, e vrèman fè atò sans je ak zòrèy genyen paralize. Tandiske mwenmenm, yon yenyen, yon blaze, yon salopri badijonnen ak labou, ap voye je tankou Tijan-nan-rèv, san m pa pouse pou m aji fè devwa mwen, epi m pa ka di anyen. Non, pa pou yon Wa yo pran byen li, lavi li ki te si chè nan yon gètapan modi. Èske m se yon kapon ? Kilès ki pou rele m moun-mòn ? Ki pou kase tèt mwen ? Deplimen bab mwen soufle l nan figi m ? Pense m nan nen ? Ban mwen defi desann nan gòj mwen rive anndan jis nan poumon mwen ? Kimoun ki vle fè sa pou mwen ? Aa ? Onon de san Jezi ! M ta aksepte l ! Paske sa pa ka vre m se yon lach e m manke fyèl pou m bay kou di, sinon anvan sa m ta gen tan angrese tout fal zwazo nan zòn nan ak zantray salopri a ! Sanginè, salopri san sal, san remò, trèt, deprave, malfezan san bonte natirèl, O, vanjans ! Gade non, m se yon mal bourik ! Sa se yon bèl bagay, pou mwenmenm, pitit yon chè papa asasinen, ki syèl ak lanfè dige pou m pran revanj mwen, èske fò m oblije (tankou yon piten) devide kè mwen avèk pawòl sèlman epi tonbe joure kouwè yon vye jenès, yon kuizinyè ! Sa a menm ! Se w wont ! Annavan, sèvèl mwen ! M tande yo di kreyati ki koupab, ki chita ap tande yon pyès teyat, akòz de malen yo nan monte sèn nan, konn vin gen nanm yo ki frape tèlman, menm lè a yo revele malfezans yo ; paske asasina, kwak li pa gen okenn lang, jwenn yon mwayen nan mirak li pale. M ap fè aktè sa yo jwe devan monnonk mwen yon pyès teyat yon jan kouwè asasina papa m nan. M va obzève figi li ; m ap sonde li jis nan nannan. Si l pantan sèlman, m konn sa pou m fè. Lespri mwen wè a kapab se yon dyab ; e dyab la gen pouvwa pou l pran yon fòm ki agreyab ; wi, e petèt akòz feblès mwen e lapenn mwen, kòm li gen pwisans anpil sou tanperaman tankou pa mwen, li ka ap twonpe m pou li modi mwen. M vle gen prèv ki pi dirèk pase sa a. Pyès teyat la se ladan l menm m ap kaptire nanm Wa a.

(Li soti)

Nòt

20. Solèy : Nan kwayans epòk Elizabeten an yo te kwè se solèy la ki te fè vè ak lòt ti bèt konsa fèt.
21. Konsepsyon : konsevwa vle di ansent, fè pitit.
22. Sati : Yon èv literè ki anplwaye iwoni ak komik pou atake vis ak foli imen.

23. Nan zòn ren li, nan mitan favè li : Gen yon jwèt-ak-mo ak yon sans doub nan fraz sa a.

24. Daprè nòt Folger Library a, sa a se yon referans a Èkil ki t ap pote glòb la sou zepòl li pou Atlas, nan yon pòtre ki te sou yon ansèy nan teyat Glòb la, teyat Shakespeare la. Sa vle di twoup Shakespeare la te soufri tou akòz de konpetisyon timoun ki te aktè yo.

25. Wosiyis te yon aktè a Wòm nan epòk Sisewon. Hamlèt vle di nouvèl Polonyis la se yon nouvèl ki ansyen paske li konnen aktè yo la deja.

26. Jefte : Sa gen referans a istwa ki nan Labib la nan Jij chapit 11.

27. Franj : Yon bab.

28. Jèn tidam : Hamlèt ap jwe avèk tigason ki aktè a. Se gason ki te jwe wòl fi.

29. Ranmye : Isit la Shakespeare anplwaye mo « falconers » (« fauconniers » an fransè), ki pa gen ekivalan yo an kreyòl ayisyen.

30. Kaviya : Ze Pwason estijon, yon pwodui ki trè chè.

31. Ene : Ewo nan Aneyid (Æneid), yon powèm Vijil (Virgil) te ekri sou dewoulman apre lagè Twa a.

32. Didon : Rèn Kataj (Carthage.)

33. Priyam : Wa Twa. Yon lòt non Twa se Iliyòm.

34. Piris (Pyrrhus) : Pitit Achil, yon ewo grèk nan powèm Omè, Iliyad. Bèt Ikanani an se te yon tig.

35. Iliyòm (Ilium) : Yon lòt non pou Twa (Troie) yon ansyen vil nan Iliyad Omè a.

36. Siklop : Nan mitoloji grèk, jeyan yo, ki te ede Vòlkan, fòjewon an.

37. Mas : Nan mitoloji Women, Bondye lagè.

38. Wou : Lachans te reprezante tankou yon fi, ki kontwole destine moun lè li tounen yon gwo wou li genyen.

39. Hekiba : Madanm Priyam. Rèn Twa ou Iliyòm.

Ak III
Sèn I

Èlsinò. Yon sal nan chato a.

(Wa a, Rèn nan, Polonyis, Ofilya, Wozennkrents, Gildennstèn, ak lòt ofisyèl antre)

Wa a : E èske nou pa kapab, nan pale nou avèk li, fè l di nou poukisa l ap pran pòz li detrake a, e l ap boulvèse repo tout lavi li avèk yon tèl severite akòz de foli sila a ki si fewòs ak danjre a ?

Wozennkrents : Li admèt li santi tèt li distrè, men poukisa, li pa vle di ditou menm.

Gildennstèn : Nou pa wè l dispoze pou nou sonde l nonplistou ; men lè pou nou t a pran l lwen mennen l pre sou vrè eta li, li kache dèyè yon foli ki malen.

Rèn nan : Èske l te resevwa nou byen ?

Wozennkrents : Tankou moun debyen nèt.

Gildennstèn : Men, ou wè se fòse l ap fòse tèt li.

Wozennkrents : Li retni l nan poze n kesyon, men tout sa n mande l li reponn nou san retni.

Rèn nan : Èske nou poze l kesyon sou afè divèstisman ?

Wozennkrents : Madam, twouve gen kèk aktè nou te pase nan wout la. Nou mansyonnen yo ba li, e nou wè l te sanble l yon jan kontan tande sa. Yo isit la nan alantou palè a ; e daprè sa m kwè yo ba yo lòd deja pou yo jwe aswè a pou li.

Polonyis : Wi, sa se vre. E li sipliye m pou m mande nou, Majeste, pou nou tande ak wè pyès la.

Wa a : Ak tout kè ; e sa fè m plezi anpil pou m tande li sou sa. Chè mèsye m yo, kontinye chofe l ankò, epi pouse l nan direksyon plezi sa yo.

Wozennkrents : Wi, Ekselans, n a kontinye.

(Wozennkrents ak Gildennstèn soti)

Wa a : Jètrid, doudou, ale tou ; pase nou voye chache Hamlèt an sekrè pou l vin la a dekwa pou, kòm pa aza, li tonbe bab pou bab ak Ofilya. Papa l avèk mwen (espyon ofisyèl) a kache kò nou dekwa, san moun pa wè nou, nou kab wè, nou kapab jije rankont yo an aklè, e daprè jan l aji, rekonèt si li malad pase l damou, oswa non se pa sa l soufri.

Rèn nan : M a obeyi ou ; e poukont pa ou, Ofilya, m swete se jan ou bèl la ki vrè rezon Hamlèt dekontwole a. Konsa tou m t a swete ak bon jan ou lan ou va rive fè l retounen nan bon chemen li ankò—ki va yon onè pou nou toulède.

Ofilya : M t a swete sa tou, Madam.

(Rèn nan soti)

Polonyis : Ofilya, pwonmnen bò isit la. Ekselans[40], silvouplè, nou va al kache kò nou. *(Li adrese Ofilya.)* Li nan liv sa a ; lè ou ap fè sa, l a fè chagren ou nan parèt pi natirèl. Yo blame n pou sa souvan, yo pwouve sa twòp menm, jan avèk yon figi relijye e avèk aksyon ki montre lacharite, nou ka adousi dyab la limenm.

Wa a : *(Apa.)* O, sa se vre menm ! Ala yon gwo kout baton pawòl sa yo bay konsyans mwen ! Figi yon awona, anbeli ak makiyaj, pa pi lèd anba sa k kouvri la pase zak mwen dèyè pawòl byen fade mwen yo. Ala fado a lou !

Polonyis : M tande l ap vini. An n kache, Ekselans.

(Wa a ak Polonyis soti)

(Hamlèt antre)

Hamlèt : Egziste, oswa pa egziste, se kesyon an sa : si l pi onorab nan limenm pou sibi kout fistibal ak kout flèch Lachans atwòs voye sou ou, oswa pou pran lèzam kont yon lavalas pwoblèm, e nan fè opozisyon, met fen nan yo. Mouri—dòmi—anyen plis ankò ; e ak yon somèy pou di nou mete fen nan kè-fè-mal la e a yon milye chòk natirèl lachè eritye. Se yon konklizyon yo dwe swete ak tout fòs. Mouri—dòmi. Dòmi-petèt reve : wi, men se pwoblèm nan ! Paske nan somèy lanmò sa a, ki kalite rèv ki kapab vini lè nou debarase ak fado mòtèl la, dwe ban nou rezon pou n rete sou pinga n. Se refleksyon sila a ki fè nou viv yon vi long plen kalamite. Paske kilès ki ta sipòte kout fwèt ak kout je Tan an, malfezans yon malfetè, imilyasyon yon nonm ki ostre, doulè yon amou yo dedeye, delè lajistis, ensolans moun ki nan pouvwa, ak mepri moun ki gen merit resevwa avèk pasyans nan men moun ki pa diy, lè li, limenm, t a ka espedye tèt li avèk yon senp ponya ? Kilès ki t a pote fado sa yo, pou yo plenn ak swe anba yon lavi ki plen touman, si se pa t pou krenn yon bagay apre lanmò—yon peyi yo poko esplore, kote okenn vwayajè pa retounen soti nan fwontyè l—ki twouble volonte moun, epi ki fè nou, okontrè, sipòte malveyans sila nou genyen yo, olye nou vole al jwenn lòt sa nou pa konnen ? Konsa konsyans rann noutout kapon, e nan jan sa a, koulè natirèl nou genyen lè nou pran yon rezolisyon, vin pran koulè moun malad anba reflè panse

Hamlèt

nou ki pali li, epi gwo pwojè ki gen enpòtans ak ki gen aktivite, akòz de refleksyon sila a, detounen nan wout yo, epi yo pèdi non aksyon. Koulye la a, shhh ! Ofilya, bèl fi a ! Jèn Deyès[41], nan lapriyè ou, sonje tout peche m yo.

Ofilya : Ekselans mwen, kijan majeste ou pòte l sèjousi ?

Hamlèt : M remèsye ou byen ba; byen, byen, byen.

Ofilya : Ekselans, m gen kado ou te ban mwen m te vle remèt ou depi lontan. Tanpri, kounye la a, pran yo.

Hamlèt : Non, pa mwenmenm ! M pa t janm ba ou anyen.

Ofilya : Onorab Ekselans, ou konnen trè byen ou te ban mwen yo; e avèk yo, pawòl dous ou te soufle m, te bay kado yo ankò plis valè. Kòm yo pèdi pafen yo pran yo ankò ; paske lè yon moun gen espri nòb, kado rich vin pòv lè moun ki bay yo an montre li pa janti. Ekselans, men.

Hamlèt : A ha ! Èske ou gen pidè ?

Ofilya : Ekselans ?

Hamlèt : Èske ou bèl ?

Ofilya : Kisa ou vle di, Ekselans ?

Hamlèt : Si ou gen pidè epi ou bèl, pidè ou la pa dwe pèmèt okenn koneksyon ak bote ou la.

Ofilya : Ekselans, èske bote te dwe genyen yon pi meyè koneksyon pase avèk pidè ?

Hamlèt : Wi, vrèman ; paske pouvwa bote va pi vit transfòme pidè jan l ye a, fè l tounen yon bòdèl pase pouvwa pidè kapab chanje bote fè l tounen menm ak li. Lontan se te yon opinyon ki san bonsans, men koulye a, tan an pwouve se yon verite. Yon lè m te renmen ou.

Hamlèt

Ofilya : Sa se vre, Ekselans, ou te fè m kwè sa.

Hamlèt : Ou pa t dwe kwè m ; paske menmsi yo grefe moralite sou ansyen souch nou li pa ka chanje movèzte karaktè nou. M pa t renmen ou.

Ofilya : M te twonpe pi plis ankò.

Hamlèt : Ale nan w kouvan ! Poukisa pou t a ap grennen pechè ? Mwenmenm ki la a m gen ase pidè, kanmèm m ta ka akize tèt mwen de bagay ki ta fè l preferab pou manman m pa t janm fè m. Mwen gen gwo kòlèt anpil, m vanjè, anbisye ; m ka fè apèl a plis malfezans ke m gen panse ase pou m mete yo landan, ase lide pou ba yo fòm, oswa ase tan pou m mete yo ann operasyon. Kisa sa rapòte pou gen nonm kouwè m k ap ranpe ant tè a ak syèl la ? Nou tout se yon bann vye mantè. Ale nan w kouvan w al fè wout ou. Kote papa ou ?

Ofilya : Lakay li, Ekselans.

Hamlèt : Se pou yo fèmen pòt sou li dekwa pou l pa fè enbesil okenn lòt kote pase lakay pa l sèlman. Orevwa.

Ofilya : O, mizèrikòd, syèl la, ede li.

Hamlèt : Si ou marye, m va ba ou flewo sila a kòm kado maryaj ou : Menmsi ou fidèl kouwè glas, pi kouwè nèj, ou p ap chape anba medizans. Ale nan yon kouvan. Ale ; orevwa. Oswa si ou bezwen marye vre, marye ak yon enbesil, paske moun ki gen lespri konnen ki kalite bèt a kòn nou fè yo tounen. Ale nan yon kouvan, ale ; e byen vit tou, wi. Orevwa.

Ofilya : O, pwisans ki nan syèl yo, geri li.

Hamlèt : M tande pale enpe de makiyaj nou tou. Bondye ban nou yon figi, e nou fè yon lòt poukont nou. Nou ponpe-danse, nou flannen, nou pale sou lang ; nou bay kreyasyon Bondye yo ti non, epi nou blame san pidè nou an sou iyorans. Ale ! M pa vle sa ankò ! Sa rann mwen fou. M di, se pa pou gen maryaj ankò. Sa ki deja marye yo—tout eksepte youn—va egziste ; rès yo, se pou yo rete jan yo ye a. Nan kouvan ; ale.

(Li soti)

Ofilya : O, ala yon espri nòb ki ranvèse la a ! Zye, lang, epe, yon ofisyèl, yon sòlda, yon save ; esperans ak woz bèl eta a, miwa pou gangans, egzanp pou fòmasyon, sila a ki gen tout je k ap gade brake sou li a, tonbe nèt-nèt ! E mwenmenm, nan plis lapenn, pi mizerab pase tout lòt fi ; mwen ki te souse siwo mizik tout pwomès li yo, koulye a wè sèvo tèlman nòb ak pi pwisan sila a, kouwè yon bèl klòch fele, pèdi ton li, epi l gwojan. Fòm san parèy ak trè yon gwo jènjan chape, kraze anba foli. O, malè pou mwen dèske m te wè sa m te wè a, m wè sa m wè a!

(Wa a ak Polonyis antre)

Wa a : Lanmou ? Santiman l pa dirije nan direksyon sa a ; ni s al di yo nonplis tou, kwak li manke sans enpe, pa t sanble foli. Gen yon bagay nan nanm ni lapenn ni an chita sou li l ap kouve. E m pè pou l pa kale ak devwale yon danje, ki, pou anpeche li, m deside vit pou m pran rezolisyon sou li. Li gen pou l ale tousuit ann Angletè pou l al reklame enpo nou yo yo neglije yo. Petèt lanmè yo, ak peyi diferan yo, avèk lòt sèn varye, va mete bagay sa a ki fikse nan kè l la deyò, ki touttan ap bat sèvo l la, mete l an dezakò avèk tèt li. Kisa ou panse de sa ?

Polonyis : Li va bon. Men, mwen kontinye kwè sous ak kòmansman lapenn li an soti nan w lanmou yo meprize. A, bon, Ofilya ? Ou pa bezwen di nou sa Ekselans Hamlèt di. Nou tande tout bagay. Ekselans, fè sa w santi ki bon ; men, si w twouve se byen, apre pyès teyat la, kite Rèn nan, manman li, poukont li mande l pou l revele sa k ap fè l lapenn nan. Kite l pale avè l klè ; e m a mete kò m, si sa fè w plezi, yon kote pou m tande tout konvèsayon yo an. Si li pa rive fè l revele l, voye l ann Angletè ; oswa fèmen li kote bonsans ou va panse ki pi bon.

Wa a : Na fè konsa. Yo pa dwe fèmen zye sou foli moun ki gen pouvwa.

(Yo soti)

Nòt

40. Ekselans : Isit la, Shakespeare anplwaye mo anglè « Gracious », « Gracieux » an fransè.
41. Deyès : Isit la Shakespeare anplwaye mo « Nymph » (Nenf) ki, nan mitoloji grèk, se yon kreyati diven ki reprezante pa yon bèl jènfi.

Sèn II

Èlsinò. Yon sal nan Palè a.

(Hamlèt antre ak twa nan aktè yo)

Hamlèt : Resite diskou a, tanpri, jan m te pwononse l ba ou a, avèk yon vwa natirèl. Men, si ou pwononse l tankou anpil nan aktè nou yo fè a, m ta pito kite anonsè piblik vil la resite liy mwen yo. Nonplis tou pa siye[42] lè a twòp a k men ou, konsa, men fè tout bagay dousman. Paske nan tout toran, tanpèt, ak (kòm m ta di ou), granvan pasyon ou, fòk ou chache genyen ak devlope kontwòl ki ka rann li lis. O, sa blese m rive jis nan nanm mwen, pou m tande yon kokenn chenn gason ak perik li gaye, k ap dechire yon pasyon an moso, an ranyon menm, pou kase zòrèy espektatè ki kanpe nan lakou yo, ki (leplisouvan) pa kapab apresye anyen dòt pase pyès ki san pawòl, avèk bri. Yon nonm konsa m ta fè bat li dèske l fè twòp eksè lè li jwe Termagant.[43] Li pi Hewòd[44] pase Hewòd. Tanpri evite sa.

Aktè : M pwomèt ou sa, Ekselans.

Hamlèt : Men pa twò kò kraze nonplis non ; men kite bonsans tounen gid ou. Fè aksyon an fè akò ak pawòl la, pawòl la ak aksyon an, epi avèk atansyon pou pa depase tanperans lanati : paske tout bagay ki fèt ak eksè, ale kont bi jwe pyès teyat, ki, depi okòmansman rive jis koulye a, se te, e li gen pou l kenbe yon miwa, kòm si m ta di ou, devan lanati, pou montre moralite pwòp figi li, mepri imaj li, e epòk la menm ak tan an fòmasyon li ak karaktè li. Koulye a menm, eksè sa a, oswa mankman an, kwak li fè moun sòt ri, li p ap manke blese moun ki gen konprann. Jijman moun sila yo, ou dwe dakò, vo plis pase yon teyat plen ak lòt kalite moun yo. O, gen de aktè m konn tande jwe, ak tande lòt moun fè lwanj pou yo, e si tèlman (san m pa blaspheme) ki pa genyen ni aksan Kretyen vivan, ni demach yon Kretyen, payen, oswa imen, ki tèlman mache bwòdè ak ki rele tèlman, m te panse se kèk travayè Lanati ki te kreye lèzom, e ki pa t fè yo byen menm, tèlman yo imite imanitè mal nèt.

Aktè : M swete nou korije bagay sa yo ase deja noumenm.

Hamlèt : O, korije l nèt ! E kite moun ki jwe kloun nou yo pale pa plis pase sa ki ekri pou yo pale. Pase genyen ladan yo ki konn ri yomenm, pou pouse kèk espektatè raz ri tou, kwak antretan yo te dwe ap konsidere lè sa a kèk kesyon ki nesesè nan pyès la. Se yon bagay ki repiyan, e ki revele yon pretansyon ki pi lamantab lakay iyoran ki itilize l la. Al prepare nou.

(Aktè yo soti)

(Polonyis, Wozennkrents ak Gildennstèn antre)

Ebyen, Ekselans ? Èske Wa a va tande chedèv sila a ?

Polonyis : E Rèn nan tou, e y a fè l kounye la a tou.

Hamlèt : Di aktè yo pou yo prese.

(Polonyis soti)

Èske nou toulède kapab ede yo depeche yo ?

Toulède : Wi, Ekselans, nou pral fè sa.

(Yo toulède soti too)

Hamlèt : Ey, Horesyo !

(Horesyo antre)

Horesyo : Men mwen, bon Ekselans mwen, m sou lòd ou.

Hamlèt : Horesyo, ou se nonm ki pi ekilibre pami tout moun mwen janm antre an kontak.

Horesyo : O, Ekselans, mon chè !

Hamlèt : Non, pa panse m ap flate ou, non ; paske ki avantaj m ta espere tire nan ou ; ou pa gen okenn resous, apa bonjan ou, pou ba w manje ak pou abiye ou ? Akwabon flate yon pòv ? Non, kite lang dous niche awogans blèm, e jwenti jenou ki tou pare plwaye kote pwofi kapab suiv flatri. Èske ou tande ? Depi bon nanm mwen te an chaj chwa li, e te kapab fè distenksyon ant lèzom, li te eli oumenm pou tèt li e te mete so l sou ou. Paske ou te rete menm moun nan, nan soufri tout bagay kòmsi ou pa soufri anyen, yon moun ki aksepte remèsye Lachans menm jan, kit li bat li oswa li rekonpanse l. E byennere moun ki gen tanperaman ak bonsans yo ann akò tèlman byen yo pa tounen yon flit anba dwèt Lachans pou l fè l sonnen jan l vle. Ban mwen nonm sa a ki pa esklav pasyon, e m a kenbe l nan fon kè m, wi, nan nannan kè mwen, jan m fè avè ou la. Bon, ase ak bagay sa yo ! Genyen yon pyès teyat k ap jwe aswè a devan Wa a. Gen yon sèn ladan l ki touche sou sitiyasyon an, sa m te di ou la, sou lanmò papa m. Tanpri, lè ou wè sèn sa a ap dewoule, menmsi se avèk tout atansyon ki nan nanm ou, obzève monnonk mwen. Si krim kache li a pa devwale l koupab nan menm yon pawòl, se yon espri kondane nou te wè, e imajinasyon mwen gwosye tankou boukliye Vilken.[45] Mete tout atansyon ou sou li. Mwenmenm, m ap brake je m sou figi li ; e apresa, nou toulède a mete opinyon nou ansanm pou jije atitid li.

Horesyo : Se sa, Ekselans. Si l vòlè yon mouvman anba chal pandan pyès la ap jwe a, ki chape m san m pa detekte l, se mwen k a peye pou vòl la.

(Son yon ochan. Twonpèt, ak tanbou antre. Yo jwe yon Mach Dànwa. Wa a, Rèn nan, Polonyis, Ofilya, Wozennkrents, Gildennstèn, ak lòt ofisyèl antre, ak gad Wa a k ap pote tòch.)

Hamlèt : Y ap vin asiste pyès la. Fò m ret kò m trankil. Al chache yon plas.

Wa a : Kijan kouzen nou, Hamlèt ye ?

Hamlèt : Trèbyen, vrèman, nan asyèt kameleyon mwen manje lè, m boure pwomès. Ou pa kab nouri kòk-chatre konsa.

Wa a : M pa konprann anyen nan repons sa a, Hamlèt. Pawòl sa yo pa ann akò ak kesyon m nan.

Hamlèt : Non, pa ak pa mwen nonplis koulye a. *(Li adrese Polonyis.)* Ekselans, ou te jwe yon lè nan inivèsite, ou di ?

Polonyis : Wi, sa se vre, Ekselans, e yo te konsidere m kòm yon bon aktè.

Hamlèt : Kisa ou te jwe ?

Polonyis : M te jwe Jil Seza ; Yo te tiye m nan Kapitòl la ; Britis te asasinen mwen.

Hamlèt : Se te yon aksyon brital pou l tiye yon bèf kapital konsa la. Èske aktè yo pare ?

Wozennkrents : Wi, Ekselans. Y ap ret tann bon plezi ou.

Rèn nan : Vin bò isit, Hamlèt chè mwen, chita kote m.

Hamlèt : Non, bon manman mwen, men yon metal ki pi atiran.

Polonyis : *(Adrese Wa a apa.)* O, ho ! Èske ou ap koute ?

Hamlèt

Hamlèt : Madam, èske m ka kouche nan kuis ou ?

Ofilya : Non, Ekselans.

Hamlèt : M vle di mete tèt mwen sou kuis ou.

Ofilya : Wi, Ekselans.

Hamlèt : Ou te panse m t ap pale de bagay vilgè ?

Ofilya : M pa panse anyen, Ekselans.

Hamlèt : Se yon panse natirèl pou lonje ant janm yon jènfi.

Ofilya : Kisa, Ekselans ?

Hamlèt : Anyen.

Ofilya : Kè ou kontan, Ekselans.

Hamlèt : Kimoun, mwenmenm ?

Ofilya : Wi, Ekselans.

Hamlèt : O, Bondye, m se pi bon komik ou ! Ki lòt bagay yon nonm dwe fè sinon gen kè kontan ? Pase gade jan manman m sanble l kontan, e papa m mouri depi dezèdtan sèlman.

Ofilya : Non, se depi de fwa de mwa, Ekselans.

Hamlèt : Depi si lontan ? Non, konsa se pou dyab la met rad nwa ; paske mwenmenm m vle mete fouri. O, Syèl ! Mouri depi de mwa e yo poko bliye ou ? Konsa gen espwa souvni yon gran pèsonaj gendwa siviv li de mwatye yon ane. Men, Nòtredam, pou sa, fò l bati legliz ; sansa fò l sibi pou yo pa panse a li, tankou ti cheval-an-bwa, ki genyen ekri sou tonm li, « Elas, elas, yo bliye ti cheval-an-bwa a ».

(Yo jwe obwa. Aktè ki jwe espektak san pawòl yo antre)

(Yon Wa ak yon Rèn antre, trè damou ; Rèn nan ap kwoke li ; li mete l ajenou, e li fè jès pou montre lanmou l pou li. Wa a leve l kanpe, e li poze tèt li sou kou li. Li kouche sou yon ban ki plen flè. Lè l wè l ap dòmi, Rèn nan kite li. Apresa yon nonm vini, li wete kouwòn nan, bo li, vide pwazon nan zòrèy Wa a, epi li soti. Rèn nan retounen, li jwenn Wa a mouri, e li fè yon pakèt gwo jès pasyonnen. Anpwazonè a, ansanm ak dezoutwa lòt moun bèbè antre ankò, ki sanble y ap pran lapenn avèk Rèn nan. Yo pote kadav la ale. Anpwazonè a fè Rèn nan deklarasyon ak ofri l kado. Pou yon moman, Rèn nan sanble sa repiyen l, li pa vle. Men, alafen, li aksepte amou li.)

(Yo soti)

Ofilya : Kisa sa a vle di, Ekselans mwen ?

Hamlèt : Enben, se anbiskad anba chal ; ki vle di movezafè.

Ofilya : Petèt prezantasyon an endike sijè pyès teyat la.

(Avanpwopo[46] a antre)

Hamlèt : Nonm sa a va fè n konnen. Aktè yo pakab kenbe sekrè. Y ap di tout bagay.

Ofilya : Èske l a di nou kisa prezantasyon sila a te vle di ?

Hamlèt : Wi, e tout lòt sèn ou montre li. Si ou pa wont montre l li p ap wont di ou sa l vle di.

Ofilya : Ou radi, ou radi ! M va obzève pyès la.

Avanpwopo an : *Pou noumenm, ak pou dram nou an tou,*
Isi a ajenou nou mande gras nou,
Pou n koute nou ak pasyans nou priye nou.

(Li soti)

Hamlèt : Èske sa a se yon avanpwopo oswa yon deviz ki sou yon bag ?

Ofilya : Li kout, Ekselans, mwen.

Hamlèt : Menmjan ak lanmou yon fi.

(De aktè, yon Wa ak yon Rèn antre)

Wa a : *Trant fwa nèt, charèt Febis[47] la pase otou basen sale Neptin[48] nan*
Ak lokal koube Teli[49] la, e trant fwa douz lalin avèk limyè yo prete
Klere nan monn sa a trant fwa douz lannwit,
Depi lanmou kole kè nou ansanm
Epi Himèn[50] ini men nou avèk lyen an komen ki pi sakre.

Rèn nan : Se pou solèy la ak lalin nan fè nou konte vwayaj yo
Menm kantite fwa ankò anvan lanmou nou fini !
Men, malè pou mwen ! Ou tèlman malad depi kèk jou, tèlman kè ou pa kontan, e ou pa jan ou te konn ye,
Mwen pè pou ou. Epoutan, kwak mwen gen enkyetid,
Sa pa dwe enkyete ou ditou, Ekselans mwen.
Paske enkyetid ak lanmou yon fanm egalego nan mezi yo : toulède nil oswa toulède twòp.
Kounye a, sa lanmou m ye, eprèv fè ou konnen l.
Kote lanmou gran, yo pè tout ti dout.
Kote nenpòt ti krentif grandi, gwo lanmou grandi la.

Wa a : Vrèman, cheri, fò m kite ou, e tousuit tou.
Fakilte aktif mwen yo refize ranpli fonksyon yo.
Oumenm, apre mwen, ou va viv nan bèl monn sila a ;
Y a onore ou, y a renmen ou, e petèt yon bon nonm tou
Kapab prezante l kòm mari ou.

Rèn nan : O! *Gras lamizèrikòd !*
Yon lanmou konsa sa ta yon trayizon nan kè mwen.
Se pou m modi si m pran yon dezyèm mari!
Nan pwen moun ki marye ak dezyèm nan ki pa tiye premye an.

Hamlèt : (Apa.) Labsent ! Labsent !

Rèn nan : Rezon ki lakòz yon dezyèm maryaj
Se vye kesyon enterè lajan, anyen pou fè avèk lanmou.
M tiye mari m yon dezyèm fwa
Lè dezyèm mari m bo m nan kabann mwen.

Wa a : Mwen panse vrèman ou kwè nan sa ou ap di la a ;
Men bagay nou gen detèminasyon pou n fè, nou pa kenbe yo.
Rezolisyon se esklav memwa li ye sèlman,
Li fèt avèk tout fòs, men li pa dirab.
Tankou yon fwi vèt li kole sou pyebwa a koulye la a,
Men li sot tonbe san yo pa sekwe l lè li mi.
Sèke san konsekans nou bliye
Pou n peye tèt nou dèt nou dwe tèt nou.
Bagay nou pwopoze tèt nou avèk pasyon
Lè pasyon an fini, volonte a pèdi.
Fòs kouray lapenn oswa lajwa
Detwi pwòp volonte pou yo aji lè yo detwi tèt yo.
Kote lajwa gen plis kèkontan, se kote doulè gen plis lapenn.
Lajwa vin tris, e lapenn tounen rejwisans, ak nenpòt tikrik tikrak raz.
Lemonn p ap dire pou tout tan ; e se pa etranj
Pou menm lanmou nou ta chanje avèk chans nou.
Paske se yon kesyon ki rete pou nou pwouve
Si se lanmou ki mennen chans, oswa se chans ki

mennen lanmou.
Yon nonm ki w gwo zotobre tonbe, gade pou wè,
wodayè l yo vole;
Yon pòv ki fè pwogrè fè enmi l tounen zanmi.
Jiska prezan lanmou te suiv chans ;
Paske moun ki pa bezwen p ap janm manke
E moun ki nan nesesite mete a leprèv yon zanmi ki vid,
Menm lè a li konvèti l an enmi l.
Men, pou m fini kote m te soti a avèk amoni,
Volonte nou ak destine nou kouri tèlman nan sans kontrè
Pwojè nou yo toujou detwi.
Panse nou pou nou ; men reyalizasyon yo pa pou nou ditou.
Konsa ou panse ou p ap marye ak yon dezyèm mari ;
Men lide ou peri lò premye mèt ou mouri.

Rèn nan : Se pou latè pa ban m manje, ni syèl la, limyè,
Gete ak repo entèdi m nuitejou.
Se pou fwa mwen avèk espwa mwen tounen dezespwa ;
Pou vi yon moun ki izole tounen prizon kote pou m viv.
Tout bagay ki kontrarye, ki pali figi lajwa,
Rankontre ak sa m ta renmen akonpli, epi detwi li.
Ni isit la ni nan lavni se pou advèsite pousuiv mwen,
Si, yon fwa m tounen yon vèv, m janm vin madanm marye.

Hamlèt : Si koulye a li kase [sèman] li !

(Wa a : Se sèmante afon. Doudou, kite la a yon moman.
Tèt mwen ap vin lou, e m t a twonpe lajounen agasan an
Ak kouray nan fè yon somèy.)

(Rèn nan : Se pou somèy la dodinen tèt ou.)

(Li dòmi)

E pou malchans pa janm mete l antre nou !

Hamlèt : Madam, kijan ou twouve pyès la ?

Rèn nan : Dam nan pwoteste twòp, dapre mwen.

Hamlèt : O, men l ap kenbe pawòl li.

Wa a : Ou konn sijè a ? Pa gen anyen ladan l ki manke dega ?

Hamlèt : Non, non ! Se jwèt y ap jwe sèlman ; pwazon an jwèt ; pa gen anyen sou latè ki manke dega la a.

Wa a : Kijan ou rele pyès sa a ?

Hamlèt : « Pèlen Sourit La ». Kòman, O non de Bondye ! Nan yon fason de pale. Pyès sila a se yon reprezantasyon yon asasina ki fèt nan Vyèn. Non Dik la se Gonnzago. Madanm li se Batista. Ou pral wè toutalè. Se yon travay malefik. Men sa sa fè ? Majeste ou, ak noumenm ki gen nanm inosan, sa pa touche nou. Kite koupab yo chita sou zepeng yo ; konsyans nou a klè.

(Lisyanis antre)

Sila a, se Lisyanis, neve wa a.

Ofilya : Ou bon menmjan ak kè[51] a, Ekselans.

Hamlèt : M ta ka bay entèpretasyon sou sa k ap pase ant ou ak anmoure ou, si m te kab wè maryonèt yo ann aksyon.

Ofilya : Ou kanpe, Ekselans, ou kanpe.

Hamlèt : Sa ta koute ou yon rèl pou dekanpe mwen.

Ofilya : Miyò toujou, e pi mal ankò.

Hamlèt : Se konsa pou pran mari ou. Kòmanse, asasen. Lanmyann ! Kite vye grimas ou yo, epi kòmanse. An nou wè ! Kòbo k ap fè bri a rele mande revanj.

Lisyanis : Panse : nwè ; men : pare, medikaman : bon pou sa, lè a : dakò ;
Sezon an apwopriye, epi pèsonn p ap gade,
Oumenm melanj, ak fèy ki keyi a minui,
Fletri twa fwa, ki enfekte twa fwa avèk malediksyon Hekate[52],
Maji natirèl ou ak movèzte pwòp pa ou
Pran pouvwa koulye la a sou lavi ki an sante.

(Li vide pwazon an nan zòrèy wa k ap dòmi a)

Hamlèt : Li anpwazonnen li nan jaden an pou byen l yo ; non li se Gonnzago. Istwa a reyèl, li ekri an bon italyen. Ou pral wè toutalè jan asasen an pran lanmou madanm Gonnzago.

Ofilya : Wa a leve.

Hamlèt : Kòman, dife san fon an fè l pè ?

Rèn nan : Kijan Ekselans mwen an ye ?

Polonyis : Sispann pyès la !

Wa a : Limen limyè ! Ann ale !

(Tout moun soti sòf Hamlèt ak Horesyo)

Hamlèt :

> Konsa, kite bèt[53] ki blese a al kriye,
> Bèt ki pa blese a jwe;

> *Paske genyen ki pou veye, toutpandan*
> *genyen ki pou dòmi :*
> *Se konsa lemonn mache.*

Mesye, èske sa a, avèk yon gran kantite plim dekorasyon—si rès fòtin mwen trayi mwen—avèk de wozèt damase[54] sou soulye kreve mwen, pa ta ase pou fè m jwenn yon aprantisay nan yon twoup aktè, mesye ?

Horesyo : Mwatye youn.

Hamlèt : Youn ann antye pou mwen !

> *Pase ou konnen, O chè Damon[55] mwen*
> *Wayòm sila a se Jòv[56] limenm*
> *Ki te detwi li; e koulye la a sila a k ap reye isit la*
> *Se yon bon jan, bon jan—pan.*

Horesyo : Ou ta ka fè yo rime.

Hamlèt : O, Horesyo, bon moun mwen, m ap pran pawòl lespri a pou mil liv ! Èske ou te remake ?

Horesyo : Trè byen, Ekselans mwen.

Hamlèt : Lè y ap pale de pwazon an ?

Horesyo : M te remake li trè byen.

Hamlèt : Anhan ! Mete mizik ! An nou wè, Flit yo !

> *Paske si Wa a pa renmen Komedi a,*
> *Alò, se paske li pa renmen li, o non de Dye !*

An nou wè, enpe mizik !

(Wozennkrents ak Gildennstèn antre)

Gildennstèn : Bon Ekselans mwen, pèmèt mwen di ou yon mo.

Hamlèt : Tout yon istwa, Mesye.

Gildennstèn : Wa a, Mesye.

Hamlèt : Wi, Mesye, sa l genyen ?

Gildennstèn : Li rantre al repoze l ak yon dekonpozisyon dwòl.

Hamlèt : Avèk bwason, Mesye ?

Gildennstèn : Non, Ekselans ; avèk kòlè pito.

Hamlèt : Ou ta montre ou gen plis konprann si ou te fè doktè li konn sa ; paske si se mwenmenm ki pou ta pran swen li, sa ta plonje l nan yon pi gran kòlè.

Gildennstèn : Bon Ekselans mwen, òganize pawòl ou yo, e pa kabre sa m ap di ou yo ak grap konsa.

Hamlèt : Mwen dou, Mesye ; pale.

Gildennstèn : Rèn nan, manman ou, voye m kote ou ak lespri li aflije anpil anpil.

Hamlèt : Deryen.

Gildennstèn : Non, bon Ekselans mwen, politès sa a se pa sa k merite la a. Si sa fè ou plezi pou ban mwen yon repons rezonab, m a ba ou komisyon manman ou lan ; sinon, m a eskize tèt mwen e m a retounen e fini ak istwa sila a.

Hamlèt : Mesye, m pa kapab.

Gildennstèn : Kisa, Ekselans ?

Hamlèt : Ba ou yon repons rezonab ; lespri mwen boulvèse. Men, pou yon repons mwen kapab rann ou, Mesye, mwen sou lòd ou, oswa, kouwè ou di, sou pa manman m. Konsa, san anyen plis pase sa, ann retounen sou zafè a ! Manman mwen, ou di.

Wozennkrents : Enben li di konsa : jan ou aji a ba l sezisman e etone li.

Hamlèt : O, sa se yon pitit gason estwòdinè ki kapab rive fè manman l etone konsa ! Men, èske pa gen okenn lòt bagay ki suiv dèyè talon sezisman manman m nan ? Rakonte non.

Wozennkrents : Li vle pale avè ou nan chanm li anvan ou al dòmi.

Hamlèt : Nou va obeyi, menmsi li te manman nou dis fwa. Èske ou gen okenn lòt tranzaksyon avèk nou ankò ?

Wozennkrents : Ekselans, te gen yon lè ou te renmen m.

Hamlèt : E jiska prezan, onon de dwèt ranmasè ak vòlè sa yo!

Wozennkrents : Bon Ekselans mwen, kisa ki lakòz pwoblèm ou ? Ou bare pòt pwòp delivrans ou nèt lè ou pa di zanmi ou bagay ki fè ou lapenn.

Hamlèt : Mesye, m manke avansman.

Wozennkrents : Kijan sa ta kapab lè ou gen vwa Wa a limenm k ap mande pou ou reye apre li nan Dànmak ?

Hamlèt : Wi, Mesye, men « Pandan zèb la ap pouse », pwovèb[57] la ap vin mwazi.

(Mizisyen yo antre ak flit yo)

O, flit yo ! Ban m wè youn. Al fè wout ou—poukisa ou ap chache vire van mwen kòmsi ou ap eseye pouse m antre nan yon nas ?

Gildennstèn : O, Ekselans mwen, si devwa m pouse m fè twòp radyès, se paske amou mwen twò malelve.

Hamlèt : M pa byen konprann sa a. Èske ou kab jwe flit sa a ?

Gildennstèn : Ekselans, mwen pa kapab.

Hamlèt : Tanpri.

Gildennstèn : Kwè mwen ; mwen pa kapab.

Hamlèt : M priye ou.

Gildennstèn : M pa menm konn jan pou touche l, Ekselans.

Hamlèt : Li fasil menmjan ak bay manti. Manevre twou sa yo avèk dwèt ak pous ou ; ba l van ak bouch ou, e l a bay bèl kalite mizik. Gade, sa yo se twou yo.

Gildennstèn : M pa kapab ba yo lòd pou yo fè okenn amoni. M pa gen talan.

Hamlèt : Gade, ou wè koulye a, jan ou pa pran m pou anyen ! Ou ta vle jwe mwen ; ou ta vle fè sanblan ou konnen twou m yo ; ou ta vle rache fil kè sekrè mwen ; ou ta vle fè m sonnen depi sot nan nòt mwen ki pi ba rive nan tèt gam[58] mwen ; epoutan, ti enstriman sila a, ki gen anpil mizik, bèl kalite vwa, ou pa kab fè l pale. Onon de San Bondye ! Èske ou konprann li pi fasil pou jwe mwen pase yon flit ? Rele m nenpòt enstriman ou vle, kwak ou kapab fwase m, ou pa kapab jwe mwen.

(Polonyis antre)

Bondye beni ou, Mesye !

Polonyis : Ekselans, Rèn nan ta renmen pale ak ou, e koulye la a menm.

Hamlèt : Èske ou wè nyaj sa a ki prèske an fòm yon chamo a ?

Polonyis : M jire sou lamès, e l sanble yon chamo tout-bonvre.

Hamlèt : M kwè li sanble yon belèt.[59]

Polonyis : Li tounen kouwè yon belèt.

Hamlèt : Oswa kouwè yon balèn.

Polonyis : Kouwè yon balèn anpil.

Hamlèt : Konsa m a vin ka manman m tousuit. Yo fòse m pran pòz moun fou ak tout fòs kouray mwen. M ap vini toutalè.

Polonyis : M a di l sa.

(Li soti)

Hamlèt : « Toutalè » se fasil pou di. Kite mwen, zanmi m yo.

(Tout moun soti sòf Hamlèt)

Koulye la a se vrèman lè pou malefis lannwit ; lè simityè nan lakou legliz baye, e lanfè limenm soufle kontajyon voye sou monn sa a. M ta ka bwè san cho koulye la a e fè de bagay ki tèlman mal lejou t a tranble pou l gade yo. Dousman ! Koulye la a al lakay manman m ! O, kè mwen, pa pèdi moun ou ye a ; pa janm kite nanm Newon[60] antre nan sen kosto sila a. Kite m fè bagay ki kriyèl, men pa bagay ki pa natirèl ; kite m ponyade l ak pawòl mwen, san m pa sèvi ak okenn ponya. Nan zafè sila a, se pou lang mwen ak nanm mwen ipokrit. Nenpòt jan pawòl mwen yo rive fè l wont, se pou yo pa janm konsanti bay nanm mwen otorite pou mete so yo sou yo pou yo fè okenn aksyon.

Nòt

42. Siye lè a : Pa fè twòp jès avèk men ou.
43. Termagant (Tèmagant) : Yon bondye Sarazen (yon pèp nomad nan dezè Arabik la) mechan ki te parèt nan pyès nan epòk la. Termagant pa t bondye Sarazen yo vrèman. Se Ewopeyen nan Mwayenn Aj ki te atribye bondye sa a ba yo.
44. Hewòd : Yon pèsonaj wayal nan Labib.
45. Vilken : Nan mitoloji women, bondye dife ak metal fòje. Nan mitoloji grèk li rele Hephaestus (Hefayistòs). Li te fòje yon boukliye pou Achil yon ewo nan Iliad Omè a.
46. Avanpwopo : Nan pyès ki te jwe nan epòk la, yon Avanpwopo se yon aktè ki te resite yon diskou okòmansman yon pyès teyat.
47. Febis : Febis (Phoebus) Apolon, nan mitoloji grèk, bondye solèy la.
48. Neptin : Nan mitoloji grèk, bondye lamè.
49. Telis : Nan mitoloji women, deyès Latè.
50. Hymèn : Nan mitoloji grèk, bondye maryaj.
51. Kè : Nan pyès la, yon aktè ki bay enfòmasyon pou esplike pati nan pyès la ki pa dewoule sou sèn nan.
52. Hekate : Yon deyès grèk. Nan epòk Shakespeare yo te konsidere l kòm deyès ki kontwole maji.
53. Bèt : Isi a Shakespeare anplwaye mo « deer » ann anglè. Hugo tradui li kòm « daim » an fransè.
54. Damase : Yon kalite twal. Hamlèt ap di tout sa li ta mete sou li pou fè l sanble ak yon aktè.
55. Damon : Hamlèt ap konpare Horesyo ak Damon ki, nan lejand grèk, te pare pou l mouri pou zanmi li, Pythias (Pitiyas.)
56. Jòv : Yon fòm non pou Jipitè, bondye an chèf nan mitoloji women.
57. « Pandan zèb la ap pouse, chwal ap mouri grangou. » Daprè nòt Folger Library, pwovèb sa a te nan literati epòk la kòmanse depi an 1243.
58. Gam : Yon seri nòt mizik youn apre lòt.
59. Belèt : Yon ti animal ki gen pwal mawon. Anmenmtan tou li vle di yon moun ki ansoudin, ki malen ; ou pa ka fè l konfyans.
60. Newon (Neron : Anprè women mechan ki te tiye manman li, Agrippina.

Sèn III

Yon chanm nan palè a.

(Wa a, Wozennkrents, ak Gildennstèn antre)

Wa a : M pa renmen li, nonplistou nou pa an sekirite lè n kite foli li a ap vire jan l vle. Konsa, prepare nou ; m pral ban nou papye lòd nou koulye la a, epi voye l ann Angletè ansanm ak nou. Pozisyon n nan anpi a pa dwe sibi yon menas konsa si pre nou epi k ap grandi touttan akòz de foli li.

Gildennstèn : Nou pral prepare nou. Se yon krent sakre ak relijye pou kenbe tout pakèt moun sa yo ki viv ak ki depann sou Majeste ou yo an sekirite.

Wozennkrents : Yon vi prive ak pèsonèl teni pou l mete tout pouvwa ak abiman lagè nanm li sou li pou l pwoteje tèt li kont malè ; pi plis ankò yon vi ki gen lavi anpil lòt ki depann ak ki konte sou sekirite li. Lanmò yon majeste pa lafen yon sèl moun poukont li ; men, tankou yon lantonwa, li rale sa ki pre l yo ale ak li. Li se yon gwo wou ki fikse sou tèt yon montay ki pi wo a, ki gen dè milye de bagay ki pi piti kole ak tache nan kokenn chenn reyon li yo, ki, lè l tonbe, chak ti moso, pakonsekan, antrene ak li lè l efondre ak yon pakèt vakam. Yon Wa pa janm plenn poukont li san se pa avèk yon soupi jeneral.

Wa a : Prepare nou, tanpri, pou vwayaj mache-vit sa a ; paske n pral mete danje sila a, k ap mache twò lib jan l vle kounye la a, anba kòd.

Toulède : Nou pral fè vit.

(Wozennkrents ak Gildennstèn soti)

(Polonyis antre)

Polonyis : Ekselans, li pral nan chanm manman l lan. M pral foure kò m dèyè rido a pou m tande dewoulman an. M garanti ou li pral ba l monnen pyès li. Epi, kòm ou di, e bagay ki te di avèk konprann, li bon pou lòt zòrèy ankò apa pa yon manman—paske lanati fè yo pran bò sa k pou yo—dwe rete yon bon kote ap koute pale yo. Orevwa, chèf mwen, m va vin wè ou anvan ou al dòmi pou m di ou sa m konnen.

Wa a : Mèsi, chè Ekselans mwen.

(Polonyis soti)

O, move zak mwen an, santi fò ; sant li rive nan syèl ; li gen premye malediksyon pi ansyen an, sou li, asasinen yon frè ou ! M pa ka priye, kwak anvi an fò menmjan ak volonte a. Krim mwen an ki pi fò a, bat anvi mwen an ki fò an, epi tankou yon nonm ki gen de zafè l oblije regle, m ret kanpe pou wè kote pou m kòmanse anvan, epi m neglije toulède. Sa k ta pase si men anjandre sila a te pi epè pase jan l te dwe ye avèk san frè ki sou li a, èske pa gen ase lapli nan bon syèl la pou lave l fè l blan tankou lanèj ? A kisa fè gras sèvi sinon pou l konfwonte figi move zaksyon ? E kisa lapriyè genyen ladan l sinon de fòs sila yo : pou l retni n anvan nou rive tonbe, osnon pou l padone lè nou tonbe ? Konsa m pral leve je m anlè ; Erè mwen pase. Men, O, ki kalite lapriyè ki kapab konvni sitiyasyon mwen ? Padone mwen pou asasina degoutan m nan ? Sa pa kapab fèt ; pwiske m genyen nan men mwen bagay m te komèt asasina a pou yo an : kouwòn mwen, pwòp anbisyon mwen, epi rèn mwen. Èske yo kapab padone yon moun lè l konsève benefis krim nan toujou ? Nan ale vini kowonpi monn sa a, men dore move zaksyon gendwa bourade lajistis, e anpil fwa yo wè se benefis move zaksyon yo menm ki achte lalwa ; men se pa konsa anlè a. La, pa gen magouy ; la, aksyon an pousuiv dapre fè yo, e menm noumenm, nou oblije bay evidans sou atò dan ak tèt fòt nou. Kisa alò ? Kisa ki rete ankò ? Eseye sa repantans kapab bay. Kisa l pakab akonpli ? Men, kisa l kapab fè lò yon moun pakab repanti ? O, ala yon sitiyasyon ki malouk ! O, kè nwa tankou lamò ! O, nanm kole nan lakòl, ki, nan debat pou l lib, kole piplis ankò ! Zanj yo, ede mwen ! Eseye. Koube non, jenou tètdi ; e kè avèk fil li ann asye, ramoli tankou jwenti tibebe fèk fèt ! Tout bagay kapab vinn bon.

(Li ajenou. Hamlèt antre.)

Hamlèt : M t a kab fè zak la kounye la a menm ; kounye a l ap priye a : e m ap fè li koulye la a. Epi konsa l al nan syèl ; epi konsa m pran revanj mwen. Sa mande zanminasyon. Yon malfetè touye papa m ; e pou sa, mwen, sèl pitit gason li, voye menm malfetè sa a nan syèl. Kòman, sa se yon devwa ak yon kado, pa revanj ! Li pran papa mwen kri, boure ak pen, avèk tout peche li yo fleri men lajè, tankou se te an me yo t ap fleri ; e kijan jijman li ye, kilès ki konnen sinon lesyèl ? Daprè sikonstans ak sa panse nou konnen, sa lou pou li ; epi se vanje m vanje, pou m espedye li pandan la p pije nanm li, pandan li pare e li an mezi pou l fè vwayaj li ? Non ! Anlè, epe, e rete pou konnen yon okazyon ki pi terib pou desann. Lè li sou l ap dòmi ; oswa lè li nan kòlè l ; osnon l ap pran plezi ras-kabrit li nan kabann li ; ap jwe, ap fè sèman, oswa ap fè kèk zak ki pa gen anyen menm ladan l ki sove moun; lè sa a kilbite l, dekwa pou talon l sa choute syèl la, e pou nanm li sa kondane ak nwa tankou lanfè, kote

Hamlèt

l ale a. Manman m ap rete tann. Remèd sila a a pwolonje vye jou malad ou yo sèlman.

(Li soti)

Wa a : *(Leve.)* Pawòl mwen yo vole monte, panse m yo rete anba ; pawòl san panse pa janm al nan syèl.

(Li soti)

Sèn V

Chanm Rèn nan.

(Rèn nan ak Polonyis antre)

Polonyis : Li pral vin kounye la a. Gade non, ba li pa li. Di li betiz li yo ale twò lwen pou moun sipòte yo, e se Majeste ou ki kanpe tankou yon paravan ant li ak yon pakèt kòlè. M a fèmen bouch mwen la. Tanpri di l tout sa ou gen pou di l.

Hamlèt : *(Anndan an.)* Manman, manman, manman !

Rèn nan : M garanti ou ; ou pa bezwen pè. Ale ; m tande l k ap vini.

(Polonyis kache dèyè rido a. Hamlèt antre.)

Hamlèt : Enben, manman, sa k genyen ?

Rèn nan : Hamlèt, ou fwase papa ou anpil.

Hamlèt : Manman, ou fwase papa m anpil.

Rèn nan : Vini, non, ou bay repons ak yon lang ki pa reflechi.

Hamlèt : Ale, non, ou poze kesyon ak yon lang ki pèvès.

Rèn nan : Sa l ye, kisa ou ap di la a, Hamlèt ?

Hamlèt : Kisa k genyen kounye la a ?

Rèn nan : Ou bliye ak ki moun ou a p pale ?

Hamlèt : Non, o non de lakwa, pa ditou ! Ou se Rèn nan, madanm frè mari ou, epi—m swete se pa t vre—ou se manman m.

Rèn nan : Non, konsa, m pral voye moun ba ou ki ka pale avè ou.

Hamlèt : Vini, non, epi chita kò w la, ou p ap deplase !
Ou p ap leve toutotan m pa pran yon miwa mete devan
ou kote ou kapab wè sa k nan nannan kò ou.

Rèn nan : Kisa ou pral fè ? Ou pa pral touye mwen ?
Anmwe, anmwe, woy !

Polonyis : *(Dèyè rido a.)* Kisa, woy ! Anmwe, anmwe,
anmwe !

Hamlèt : *(Rale epe l.)* Sa l ye la a ? Yon rat ? Mouri ! M
parye yon dika, l mouri !

(Li foure kout epe antre nan rido a. Li tiye Polonyis)

Polonyis : *(Dèyè rido a.)* O, yo tiye mwen !

Rèn nan : O, kisa ou fè la a ?

Hamlèt : Non, m pa konnen, non. Se Wa a ?

Rèn nan : O, ala yon zak san sans ak sanginè !

Hamlèt : Yon zak sanginè—prèske parèy, chè manman,
ak touye yon Wa epi marye avèk frè li.

Rèn nan : Ak tiye yon Wa ?

Hamlèt : Wi, madanm, se sa m te di.

(Li rale rido e li wè Polonyis)

Oumenm, mizerab, san cho, tripòt enbesil, orevwa ! M
te pran ou pou youn ki pi enpòtan pase ou. Pran sa ou
merite. Ou konnen koulye la a jan antre nan bagay moun
gen danje ladan l. Sispann tòde men ou. Lapè ! Chita kò
w e kite m tòde kè ou. Pase se sa m a fè sil fèt ak bagay
yo kapab penetre. Si abitid ki kondanab pa fè l tounen
bwonz dekwa pou l vini yon baryè ki rann bonsans pa
ka rive touche li.

Rèn nan : Kisa m fè ki fè ou pèmèt ou vire lang ou pou l lanse tout vye bri malveyan sa yo kont mwen ?

Hamlèt : Yon tèl zak ki rann lagras ak lawonte pidè vin twoub, ki rele moralite ipokrit, ki retire woz la nan fwon yon amou inosan e depoze yon maleng la ; ki fè ve maryaj vin fo tankou sèman moun ki jwe zo. O, yon tèl zak ki rache nanm kontra maryaj la menm, ki sakre, fè yon ribanbèl mo avè l ! Figi lesyèl fè zèklè ; wi, boul latè sila a ki solid ak foule a pran yon figi tris tankou jijman lafen t ap pwoche ; li malad lè l panse a zak la.

Rèn nan : Mezanmi ! Ki zak ki lakòz gwo kalite bri sila a, e ki fè loraj gwonde tèlman fò konsa a nan avanpwopo li ?

Hamlèt : Gade penti sa a, epi sila a, imitasyon reprezantasyon de frè. Gade jan lagras te repoze sou fwon sila a, bouk cheve Hiperyon[61] ; fwon Jòv limenm ; yon zye kouwè Mas[62] pou menase ak kòmande ; prestans tankou Mèki 63, mesajè a, lè li fèk poze sou yon mòn ki kole ak syèl la : yon melanj ak yon fòm vrèman kote tout bondye yo sanble yo te mete so yo pou asire lemonn sa se yon gason. Sila a te mari ou. Gade koulye la a sa k vin apre a. Men mari ou, tankou yon move grenn ki detwi bon frè li. Èske ou gen zye ? Kijan ou kapab sispann nouri tèt ou sou bèl montay sila a pou al votre nan savann dezole sa a ? En ! Èske ou gen zye ? Ou pa kab rele li lanmou ; paske a laj ou san cho aprivwaze, li enb, e li koube devan bonsans ; e ki kalite bonsans ki ta ka deplase sot bò isit la al bò isit la ? Sètènman ou gen bonsans, otreman ou pa ta gen mouvman ; men sètènman bonsans lan paralize ; paske foli pa ta ka fè erè sa a, nonplis tou bonsans pa t janm esklav plezi a tèl pwen li pa rezève yon ti chwa pou l anplwaye pou l fè yon diferans nan okazyon sila a. Ki kalite dyab ki fè jwèt-bouche-je ak ou pou pran w nan

Hamlèt

fent konsa a ? Wè nan je, san sans pou manyen, sans pou manyen san sans pou wè, zòrèy san men oswa zye, sans pou santi san anyen dòt, sinon yon ti moso youn nan sans yo ki, menm li malad, pa ta kapab bèt konsa. Ala yon wont ! Kote pidè ou ? Lanfè rebèl, si ou kapab konplote konsa nan zo yon fanm ki gen laj, pou yon jèn moun ki gen chalè dife l sou li, se pou kite pidè pa anyen plis pase lasi ki fonn nan pwòp dife li. Se pou yo pa rele dezonè, lè nenpòt moun kite chalè pasyon pouse li, pwiske menm glas rive tonbe brile, e rezònman ap fè bonsans fè pwostitisyon.

Rèn nan : O, Hamlèt, sispann pale ! Ou fè zye m vire anndan pou l gade fon nanm mwen ; e la, m wè tach ki tèlman nwa ak wouj, mak yo pa kab janm efase.

Hamlèt : Ryen k pou viv nan transpirasyon santi-fò yon kabann sal, nan yon gagòt malpwòpte, ap ladoudous, epi ap kouche nan yon pak-kochon degoutan !

Rèn nan : O, pinga ou pale ak mwen ankò ! Se tankou ponya pawòl sa yo antre nan zòrèy mwen. Sispann, Hamlèt, chè mwen !

Hamlèt : Yon asasen ak yon malveyan ! Yon esklav ki pa menm yon ventyèm nan yon dizyèm valè mari anvan ou nan ; yon betizè pami Wa, yon awousa ki sezi anpi a ak pouvwa a, ki vòlè kouwòn presye an sou yon etaj epi foure l nan pòch li !

Rèn nan : Ase!

(Espri a antre)

Hamlèt : Yon Wa ranyon epi pyese ! Sove mwen epi kouvri mwen avèk zèl nou, noumenm gadyen ki sot nan syèl yo ! Ki volonte ou, Ekselans pèsonaj ?

Rèn nan : Adye, li fou !

Hamlèt : Ou pa vin joure pitit gason ou ki lant lan, ki nan gaspiye tan ak pasyon, kite ekzekisyon enpòtan lòd grav ou yo ale ? O, di non !

Espri a : Pa bliye. Vizit sila a se pou file volonte ou ki prèske defile a. Men, gade, sezisman anpare manman ou. O, mete ou ant limenm ak konba sila a ki nan nanm li an ! Plis kò a fèb, se plis panse a aji fò. Pale ak li, Hamlèt.

Hamlèt : Kijan ou ye, Madam ?

Rèn nan : Adye, kijan ou ye oumenm, kifè w ap brake je ou sou yon vid, epi ou nan konvèsasyon ak lè a ki pa vivan ? Espri ou ap gade san kontwòl nan twou je ou ; epi, tankou sòlda k ap dòmi yon alam reveye, cheve kouche ou, kouwè bouton ki vivan, drese epi kanpe doubout. O, pitit gason dou mwen, simen dlo lapasyans sou chalè ak dife deranjman ou nan. Kisa ou ap gade ?

Hamlèt : Limenm, limenm ! Gade jan l blèm la a l ap gade. Yon fòm konsa, si l t ap preche yon kòz konsa bay wòch, li ta fè yo sansib. Pa gade m, dekwa pou, aksyon tris ou sa a, pa chanje rezolisyon di mwen yo. Konsa sa m gen pou m fè a a detounen nan sa l dwe ye—dlo nan je olye de san.

Rèn nan : Ak kimoun ou a p di sa a ?

Hamlèt : Ou pa wè anyen la a ?

Rèn nan : Anyen ditou ; malgre m wè tout bagay ki la yo.

Hamlèt : Ou pa tande anyen nonplis tou ?

Rèn nan : Non, anyen apa de noumenm.

Hamlèt

Hamlèt : Bon, gade la a ! Gade jan l ap kouri ale ! Papa mwen, jan l te konn abiye lè l te vivan ! Gade jan l ap prale kounye la a nan papòt la !

(Espri a soti)

Rèn nan : Se kreyasyon pwòp sèvo ou. Kreyasyon san kò sa yo se moun k ap divage ki gen don pou fòme yo.

Hamlèt : Divage ? Kè m bat ak moderasyon menm jan ak pa ou, e mezi li bat la se mizik lasante. Se pa pawòl moun fou m te di la a. Mete m a l eprèv, e m a repete ou tout sa m te di ou yo ; yon moun fou pa ta gen kalite memwa sa a. Manman, pou lanmou Bondye, pa kite lide sa a antre nan tèt ou, tankou yon luil pou kalme ou, kòmsi sa m ap di a se pa akòz movèz konduit ou men se foli mwen k ap pale. Se t a fèmen maleng nan, mete yon pansman sou li, tout pandan gwo pouriti ap minen l anndan, ap enfekte l san moun pa wè. Fè konfesyon ou bay lesyèl ; repanti pou bagay ou te fè ; evite pou menm bagay la pa rive. Epi pa kouvri move zèb ak fimye pou fè yo vin pi plis. Eskize m, wi, dekowòm, paske nan mitan yon monn ki gra nan enkonduit li, li esoufle, dekowòm limenm oblije mande vis padon. Wi, li mete l ajenou, li priye l pou l fè l dibyen.

Rèn nan : O, Hamlèt, ou fann kè m an de.

Hamlèt : O, voye move pati a jete, epi viv lòt mwatye a pi pwòp. Bòn nuit—men pa ale nan kabann monnonk mwen. Pran pòz ou gen dekowòm, si ou pa genyen l. Abitid, mons sa a, limenm ki manje tout kapasite pou n rekonèt move konduit, se yon anj tou nan sans sila a, nan fè aksyon ki byen ak ki bon, li menmjan an tou, li bay yon soutàn, yon inifòm yo kapab mete fasilman. Aswè a pa ale ; e sa va akòde yon espès de fasilite pwochèn fwa ou absteni ou ; fwa apre a pi fasil ; paske izaj kapab prèske chanje sa lanati met so l sou li. Li kapab donte dyab la, oswa voye l jete avèk yon kokenn fòs. Yon fwa ankò, bòn nuit ; e lè ou anvi beni, m a mande ou benediksyon pa ou. Pou ofisyèl sila a, m repanti ; men lesyèl te vle sa pase konsa, pou pini m avèk sila a, e sila a avèk mwen, pou m oblije tounen fleyo yo ak ajan yo. M pral okipe li, e m pare pou m reponn pou lanmò m ba li a. Konsa, ankò, bòn nuit. M oblije kriyèl ryen k pou m sa bon. Konsa move bagay kòmanse e sa ki pi mal rete dèyè toujou. Yon lòt mo, chè Dam.

Rèn nan : Kisa pou m fè ?

Hamlèt : Sitou, pa mete anyen nan sa m di ou yo deyò : kite Wa a gonfle ak tante ou ankò pou fè ou monte kabann; pense figi ou nan jwèt, rele ou sourit li; epi pou de beze santi, oswa nan zatouyèt kou ou avèk dwèt dane l yo, fè ou devwale tout bagay sa yo, pou di m pa fou toutbonvre, men m fou nan malen. Li ta bon pou kite l konnen; paske kilès rèn, ki bèl, ki gen bon sans, gen konprann, ki ta kapab kache pou l pa di yon krapo, yon chòvsourit, yon gwo chat, tout bèl sekrè sa yo ? Kilès ki ta kab fè l ? Non, malgre bonsans ak retni, ouvè panye sou tèt kay la, kite zwazo yo vole, epi tankou goril*64 selèb la, poutèt pou sa fè yon eksperyans, antre nan panye a epi sot tonbe kase pwòp kou ou.

Rèn nan : Ou mèt asire ou, si mo se ak souf yo fèt, e souf se ak lavi l fèt, m pa gen lavi pou m soufle sa ou di m yo.

Hamlèt : M gen pou m ale ann Angletè ; ou konn sa ?

Ren nan : Elas, m te bliye ! Se sa ki deside vre.

Hamlèt : Gen lèt kachte ; epi de kamarad lekòl mwen yo, sa m fye tankou m fye dan sèpan yo, y ap pote depèch yo. Yo pral fè chemen pou mwen epi pran m foure m nan pyèj. Kite sa fèt ; paske se yon plezi pou fè moun ki anjandre l la sote avèk pwòp peta li. E sa ta di vre si m pa ta rive fouye yon twou de mèt anba min yo an, epi fè yo sote rive nan lalin nan. O, ala bèl bagay vre lè de magouy rankontre dirèkteman sou menm wout la. Nonm sila a pral fè m fè malèt mwen. M pral bwote zantray yo al nan sal akote a. Manman, bòn nuit. Anverite, konseye sila a pi trankil, gen plis retni, epi l pi serye, limenm ki nan vivan l li te sòt, e te yon radòtè vèbal. An nou wè, mouche, an n chache fini ak ou. Bòn nuit, manman.

(Hamlèt soti. L ap trennen kò Polonyis.)

Nòt

61. Hiperyon : Nan mitoloji grèk, yon Titan (yon jeyan,) yon moun ki te reprezante bote maskilen.
62. Mas : Nan mitoloji women, bondye lagè.
63. Mèki : Nan mitoloji women, mesajè bondye yo.
64. Goril selèb : Se istwa yon goril ki jwenn yon panye plen zwazo sou tèt yon kay. Li ouvri panye a. Lè l wè zwazo yo vole, li panse si l antre nan panye a tou li lage kò l atè, l a vole. Men olye l vole li sot tonbe li kase kou li.

Ak IV
Sèn I

Èlsinò. Yon sal nan palè a.

(Wa a, Rèn nan, Wozennkrents, ak Gildennstèn antre)

Wa a : Gen yon bagay nan soupi sa yo. Se pou tradui gwo respirasyon sila yo. Li bon pou nou konprann yo. Kote pitit gason ou nan ?

Rèn nan : Kite la a ban nou pou w ti moman.

(Wozennkrents, ak Gildennstèn soti)

A, Ekselans pa m nan, sa m wè aswè a !

Wa a : Kisa, Jètrid ? Kijan Hamlèt ye ?

Rèn nan : Fou tankou lanmè ak van lè youn goumen ak lòt pou wè kilès ki pi vanyan. Nan kriz dekontwole l la, lè l tande yon bagay remye dèyè rido a, li rale epe li, li rele, « Yon rat, yon rat ! » Epi nan imajinasyon maladi sèvo l la, li tou tiye vye bon tonton an san l pa wè l.

Wa a : O, move zafè ! Se sa k ta rive nou tou si nou te la. Lefèt li an libète a se yon gwo menas pou tout moun : pou oumenm menm, pou nou, pou tout moun. Elas, kijan pou n reponn a zak sanginè sila a ? Y ap rann nou responsab, noumenm ki te dwe gen prevwayans pou n kenbe l deprè, retni li, epi izole ti nonm fou sa a. Men tèlman nou te gen amou pou li, nou pa t kab konprann sa k te pi bon pou n te fè, men, se tankou yon moun ki gen yon move maladi, pou pa kite moun konnen, li kite l devore lavi l rive jis nan mwèl li. Kote l fè ?

Rèn nan : L al kache kò li touye a. Nan foli li a, tankou yon metal ki presye nan mitan yon min metal ki pa pi, li montre li pi. L ap kriye pou sa l fè a.

Wa a : O, Jètrid, an n ale ! Dèke solèy la touche montay yo, n ap anbake l ale. E, move zak sila a, se pou nou, avèk tout pouvwa nou, ak tout mwayen nou, ni aksepte l, ni eskize l. Hey, Gildennstèn !

(Wozennkrents, ak Gildennstèn antre)

De zanmi m yo, al mete n ansanm ak lòt moun pou ede nou. Hamlèt, nan foli li, asasinen Polonyis, epi li rale l soti nan chanm manman l lan. Al chache li ; pale byen ak li, epi mennen kò a anndan chapèl la. Tanpri fè sa vit.

(Wozennkrents, ak Gildennstèn soti)

An nou wè, Jètrid, nou pral rele zanmi n ki gen plis konprann yo, epi kite yo konnen ni sa n gen entansyon fè, ak bagay san sans ki rive a[65] [...] Konsa dyòlè yo, k ap bavade nan tout etandi latè yo, byen dirije tankou kanno ki transpòte bal anpwazonnen l rive nan bi li, kapab manke non nou, e frape lè ki pa sansib la. O, an n ale ! Nanm mwen chaje ak dezakò avèk krentif.

Nòt

65. Rive a [...] : Gen yon vèsyon Hamlèt ki pa gen tout liy sa yo.

Sèn II

Yon koridò nan palè a.

(Hamlèt antre)

Hamlèt : Byen sere an sekirite.

Vwa yon gason : *(Anndan.)* Hamlèt ! Ekselans Hamlèt !

Hamlèt : Dousman ! Ki bri sa a ? Kimoun k ap rele Hamlèt la ? O, men y ap vini.

(Wozennkrents, ak Gildennstèn antre)

Wozennkrents : Kisa ou fè ak kadav la, Ekselans ?

Hamlèt : Melanje l ak pousyè ki paran l lan.

Wozennkrents : Di n ki kote l ye pou n sa wete l la epi pote l nan chapèl la.

Hamlèt : Pa kwè sa.

Wozennkrents : Kwè kisa ?

Hamlèt : Ke m kapab kenbe sekrè pa ou la e pa pwòp pa mwen. Anplis tou, se yon eponj ki poze kesyon an, ki repons pitit gason yon Wa dwe bay ?

Wozennkrents : Ekselans, èske ou pran m pou yon eponj ?

Hamlèt : Wi, mesye, youn k ap souse favè yon Wa, rekonpans li, otorite li. Men ofisyèl sa yo rann Wa a pi bon sèvis a lafen. Tankou yon goril li kenbe yo nan kwen bouch li, li moulen yo anvan, pou l vale yo an dènye. Lè l bezwen sa ou ranmase a, li annik prije ou ; eponj, ou va vin sèk ankò.

Wozennkrents : M pa konprann ou, Ekselans.

Hamlèt : M byen kontan pou sa. Diskou yon malveyan dòmi nan zòrèy yon moun sòt.

Wozennkrents : Ekselans, se pou di m ki kote kadav la ye epi pou vini ak nou al jwenn Wa a.

Hamlèt : Kadav la avèk Wa a, men Wa a pa avèk kadav la. Wa a se yon bagay-

Gildennstèn : Yon bagay, Ekselans ?

Hamlèt : De ryen. Mennen m ba li. Kach-kach lou[66] ak tout lòt apre yo.

(Yotout soti)

Nòt
66. Kach-kach lou : Pawòl yo di nan jwèt kach-kach.

Sèn III

Yon sal nan palè a.

(Wa a antre)

Wa a : M voye chache li epi pou yo jwenn kò a. Ala yon danje pou nonm sa a lage lib konsa ! Anmenmtan se pa pou nou mete l anba gwo règleman lalwa. Pèp san bonsans la renmen li. Yo renmen, pa avèk rezònman, men avèk zye. E nan sa, se pinisyon kriminèl la yo egzaminen, jamè krim nan. Pou ranje tout bagay byen lis ak byen dous, se pou voye l ale sou tèt ; sa a parèt tankou yon bagay ki te byen reflechi. Maladi ki vin dezespere se ak aksyon dezespere ou swaye l, oswa ou kite l konsa.

(Wozennkrents antre)

Enben ? Kisa k pase ?

Wozennkrents : Ekselans, nou pa kab fè l di nou kikote kadav la ye.

Wa a : Men kikote l ye limenm ?

Wozennkrents : Deyò a, Ekselans ; y ap veye l, ann atandan pou yo konnen sa ou vle fè ?

Wa a : Mennen l vin jwenn nou.

Wozennkrents : Hey, Gildennstèn ! Mennen Ekselans lan antre.

(Hamlèt antre ak Wozennkrents, avèk sèvitè)

Wa a : Enben, Hamlèt, kote Polonyis ?

Hamlèt : L ap soupe.

Wa a : L ap soupe ? Ki kote ?

Hamlèt

Hamlèt : Pa ki kote l ap manje non, men ki kote y ap manje l. Yon sèten konvokasyon vè jiridik atab toutotou l. Nan afè manje se vè ou ki sèl anprè ou. Nou angrese tout kreyati ryen k pou angrese n ; epi nou angrese tèt nou pou vèmin. Yon Wa ki gra ak yon moun k ap mande charite ki mèg, se varye sèvis la varye sèlman, de plat, men sou yon sèl tab. Se sa lafen an.

Wa a : Adye, adye.

Hamlèt : Yon nonm gendwa peche ak yon vè ki te manje yon Wa, epi li manje pwason ki te manje vè a.

Wa a : Kisa ou vle di lè ou di sa a ?

Hamlèt : Anyen, sèlman pou montre ou kijan yon Wa kapab fè yon vwayaj atravè zantray yon moun k ap mande charite.

Wa a : Kote Polonyis ?

Hamlèt : Nan syèl la. Voye la al gade. Si mesaje ou la pa jwenn li la, chache l nan lòt kote a oumenm. Men, se sèten, si ou pa jwenn ni nan mwa sa a, ou va santi l lè ou ap monte eskalye pou al nan koulwa a.

Wa a : *(Adrese sèvitè l yo.)* Al chache l la.

Hamlèt : L ap rete la jis ou rive.

(*Sèvitè yo soti*)

Wa a : Hamlèt, zak sa a, pou pwòp pwoteksyon pa ou—ki enpòtan pou nou menm jan nou gen gwo lapenn pou sa ou fè a—, mande pou voye ou pati kou yon kout eklè. Konsa prepare ou. Bato a pre, e van an pare pou l ede, kamarad ou yo ap ret tann, epi tout bagay dispoze pou Angletè.

Hamlèt : Pou Angletè ?

Wa a : Wi, Hamlèt.

Hamlèt : Byen.

Wa a : Se kòmsi ou te konnen entansyon nou.

Hamlèt : M wè yon cheriben ki wè yo. Men, an nou wè, ann Angletè ! Orevwa, chè manman.

Wa a : Papa ou ki renmen ou, Hamlèt.

Hamlèt : Manman mwen ! Papa ak manman se mouche ak madanm ; mouche ak madanm se yon sèl chè ; konsa, manman mwen. An nou wè, ann Angletè !

Wa a : Suiv li pazapa ; pouse l anbake vit. Pa kite tan pase ; m vle l kite isit la aswè a. Ale ! Paske tout bagay ki gen rapò avèk zafè sila a kachte e pare. Tanpri fè vit.

(Wozennkrents, ak Gildennstèn soti)

E, Angletè[67] si ou bay amou mwen okenn valè—jan grandè pouvwa m dwe konseye ou bay amitye mwen valè, tou kòm maleng ou an vif ak wouj toujou apre epe Dànwa a, e lapèrèz ou fè ou ban nou onè libreman—ou p ap akeyi lòd wayal nou an ak fwadè, yomenm ki egzije nèt nèt, pa mwayen de lèt ki apiye zafè a, lanmò Hamlèt kounye la a. Fè li, Angletè ; paske li tankou yon move lafyèv nan san mwen, jan l ap boule mwen ; e se pou geri mwen. Toutotan m pa konnen sa fèt, nenpòt jan sò mwen tounen, m pa p janm gen kè kontan.

(Li soti)

Nòt
67. Angletè : Wa Angletè a.

Sèn IV

Toupre Palè Èlsinò a.

(Fòtennbras avèk ame li antre)

Fòtennbras : Ale, Kapitèn, di Wa Dànmak la m salye li. Di li, avèk pèmisyon li, Fòtennbras mande eskòt li te pwomèt li a pou l pase atravè wayòm li an. Ou konnen kote randevou an ye. Si Majeste ou reklame okenn bagay nan men nou nou va vini rann li omaj an pèsòn.

Kapitèn nan : Wi, Ekselans, m a fè sa.

Fòtennbras : Al dousman.

(Tout moun soti sòf Kapitèn nan)

(Hamlèt, Wozennkrents, Gildennstèn, ak lòt moun antre)

Hamlèt : Chè Misye, pou ki moun fòs ame sila a ?

Kapitèn nan : Yo pou Nòvèj, Mesye.

Hamlèt : Tanpri, ki kote y ap dirije yo la a ?

Kapitèn nan : Kont yon pati nan Polòn.

Hamlèt : Ki moun k ap kòmande yo, Mesye ?

Kapitèn nan : Fòtennbras, neve vye Wa Nòvèj la.

Hamlèt : Èske y ap mache kont mitan Polòn, Mesye, oswa kont kèk fwontyè ?

Kapitèn nan : Pou di laverite, san ajoute anyen, nou prale pou n gaye yon ti moso tè ki pa gen okenn revni ladan l sòf non an. Yo ta mèt mande senk dika, senk wi, m pa ta anfèmen l. Nonplistou ni Nòvèj ni Polòn p ap tire yon pi gwo pwofi ladan si yo te vann li nèt.

Hamlèt : Enben, si se konsa, Polonè a pa p janm defann li.

Kapitèn nan : Wi, yo gen yon ganizon antoure l deja.

Hamlèt : De mil moun ak ven mil dika p ap ase pou rezoud kesyon ti moso pay sa a. Sa se yon enfeksyon akòz twòp richès ak lapè, ki eklate a alenteryè, e ki, a l eksteryè pa montre kòz ki fè moun nan mouri. M remèsye ou rive jis atè.

Kapitèn nan : M mande pou Bondye akonpaye ou, Mesye.

(Li soti)

Wozennkrents : Ekselans, sa ta fè ou plezi pou ale ?

Hamlèt : M ap vin jwenn ou nan ou ti moman. Ou mèt pran devan.

(Tout moun soti sòf Hamlèt)

Hamlèt : Ala tout sikonstans ouvè bouch yo kont mwen vre, e bay vanjans mwen lant pou m pran an kout zepon. Ki sa yon òm ye si pi bon bagay li kapab fè se pase tan l ap dòmi ak manje sèlman ? Yon bèt, pa plis. Se sèten, limenm ki fè nou avèk yon si gran kapasite pou nou panse, pou n reflechi sou sa k vin anvan ak vin apre, pa ban nou kapasite ak rezònman diven sila a pou l rete ap kanni anndan nou san nou pa itilize li. Kounye a, si se akòz de bliye tankou yon bèt, oswa se yon ezitasyon kapon ki panse twò egzakteman a konsekans la—yon refleksyon ki, mete l an kat, genyen yon sèl pòsyon ladan li ki gen bonsans, epi twa pòsyon ki kapon—m pa konnen poukisa m rete la toujou pou m ap di, « Se sa k gen pou fèt », pwiske m gen motif, ak volonte, ak fòs, ak mwayen pou fè li. Egzanp ki gwo menm jan ak latè a mande pou m aji. Pran pou temwen ame sila a men lajè l ak anplè li, ki gen yon jèn ti prens frajil k ap kondui li, ki gen lespri li ki monte avèk anbisyon diven, k ap fè evennman envizib la grimas, ekspoze sa ki mòtèl e ki pa sèten a tout sa desten, lanmò, ak danje ka oze fè akòz de yon po-ze sèlman. Konsa, vrè grandè se pa pou ajite san bon rezon, men pou jwenn rezon pou fè kont poutèt yon pay lè se onè ki mande pou fè li. Konsa kisa m ye, mwenmenm ki gen yon papa yo asasinen, yon manman yo avili, bagay ki pou chofe lespri mwen ak san mwen, epi pou m kite tout bagay ap dòmi, tout pandan, wont pou mwen, mwen wè ven mil gason pral jwenn lanmò yo anvan lontan poutèt yon senp bagay, tousenpleman pou avanse yon repitasyon, pou yo al nan kavo yo tankou se te nan kabann, pou yo goumen pou yon chan ki pa ase pou l kenbe kantite moun yo, ki pa gen ase tonm ak plas pou kache moun ki mouri yo ? O, apati de jodi a, panse mwen se sou san, oswa sou anyen ditou.

Sèn V

Èlsinò. Yon sal nan palè a.

(Rèn nan, Horesyo, ak kèk ofisyèl antre)

Rèn nan : M pa vle pale avè l.

Ofisyèl la : L ap ensiste. Avrèdi l ap divage. Eta l ye a fè lapenn.

Rèn nan : Kisa l vle ?

Ofisyèl la : L ap pale anpil de papa li ; l ap di li tande gen move zafè dan lemonn, li plenn, epi li bat pwatray li, li fache pou anyen ; l ap pale de bagay vag, ki pa prèske gen okenn sans. Pawòl li yo san siyifikasyon ; epoutan jan l pale vag la fè moun k ap koute l yo reflechi. Y ap chache konprann li, epi yo ranje mo yo nan yon fason pou akomode pwòp jan yo panse yomenm. Epi jan li tenyen je l, ak sekwe tèt li, epi fè jès, kapab fè yon moun panse vrèmanvre gen sans ladan yo, kwak yo pa konnen pou sèten yo wè li gen anpil lapenn.

Horesyo : Li ta bon pou yo pale avè l, paske li ka simen lide ki danjre nan tèt moun ki nouri bagay ki pa bon.

Rèn nan : Kite l antre.

(Ofisyèl la soti)

Rèn nan : *(Poukont li.)* Pou nanm mwen ki malad la (se konsa nati peche ye toutbonvre), chak ti bagay sanble li se avanpwopo yon gwo malè. Tèlman moun koupab maladwat nan sispèk tout bagay, yo devwale tèt yo yomenm nan pè pou yo pa devwale yo.

(Ofilya antre ap divage)

Ofilya : Kote bèl Majeste Dànmak la ye ?

Rèn nan : Sa k genyen, Ofilya ?

Ofilya : *(Chante.)*

> Kijan pou m fè rekonèt anmoure toutbonvre ou lan
> Ant yon lòt ?
> Akòz de koki ki sou chapo li ak baton li
> Epi sandal l li mete.

Rèn nan : Adye, chè Dam, kisa chanson sa a vle di ?

Ofilya : Sa ou di ? Enben, koute tanpri.

(Li chante)

> Li mouri li ale, Madam,
> Li mouri li ale;
> Bò tèt li yon moso gazon zèb vèt,
> Bò talon li yon wòch.

O, o!

Rèn nan : Non, men, Ofilya.

Ofilya : Tanpri koute.

(Li chante)

> Rad lanmò li blan tankou nèj sou montay-

(Wa a antre)

Rèn nan : Adye, gade li, Ekselans !

Ofilya : *(Chante.)*

> Li gani nèt ak bèl flè;
> Li ale nan tonm li san l pa resevwa lapli
> Dlo-nan-je lanmou ki toutbonvre.

Wa a : Kijan ou ye, bèl Dam ?

Ofilya : Byen. Bondye va rekonpanse ou ! Yo di ibou a se te pitit fi yon boulanje. Ekselans, nou konnen kisa nou ye ; men nou pa konnen kisa nou kab tounen. Se pou Bondye chita sou tab ak ou !

Wa a : Obsesyon de papa li.

Ofilya : Tanpri, an n pa pale de bagay sa a ; men lè yo mande ou sa l vle di, ou a di konsa :

(Li chante)

Demen se jou Sen Valanten,
Depi m maten bonè,
E m se yon vyèj devan fenèt ou,
Pou m sa anmourèz Sen Valanten ou.

Epi li leve, li mete rad li sou li,
Epi li ouvè pòt chanm nan,
Kite vyèj la antre, ki te antre vyèj
Ki pa janm soti menm jan an.

Wa a : Bèl, Ofilya !

Ofilya : Se vre, kite m fini san fè sèman !

(Li chante)

Onon de Jezi, e de Sen Charite,
Anmwe, e ala yon wont !
Jenn gason ap fè sa si yo rive la,
O non de Bondye, se pou yo blame yo.

Li di, «Anvan ou te chifonnen mwen,
Ou te pwomèt mwen ou t ap marye avè m. »

(Li reponn)

« *Se sa m ta fè, m leve lamen devan solèy la,*
Si ou pa t vini nan kabann mwen. »

Wa a : Depi kilè l konsa ?

Ofilya : M swete tout bagay va mache byen. Se pou nou pran pasyans ; men m pa kab anpeche m kriye lè m panse yo pral mete l kouche nan atè frèt la. Fò frè m nan konnen ; e konsa m remèsye ou pou bon konsèy ou a. An nou wè, charèt mwen ! Bonswa, medam. Bonswa, chè medam. Bonswa, bonswa.

(Li soti)

Wa a : Suiv li deprè ; voye je byen sou li, tanpri.

(Horesyo soti)

O, sa se pwazon yon gwo lapenn ; li soti nan lanmò papa l nèt. O, Jètrid, Jètrid, lè lapenn vini, yo pa vini poukont yo sèl tankou espyon, men an gwoup ! Premyèman, papa l asasinen ; apre, pitit gason ou lan ale, e limenm sèl otè vyolan pwòp ranvwa li ; pèp la, anfonse nan labou pwès malveyans panse yo ak wounou wounou yo, akòz lanmò chè Polonyis ; epi noumenm ki kouri nayivman antere l an sekrè. Pòv Ofilya, divize nan mitan avèk bonsans li, ki san li, nou pa plis pase imaj oswa pase bèt sèlman. An dènye, e ki gen otan ladan li ak sila yo, frè li retounen sot an Frans an sekrè ; kite imajinasyon l ap travay tèt li, fèmen kò l nan nyaj, e pa manke magouyè ki pou enfekte zòrèy li ak vye pawòl sou lanmò papa li, e paske enfòmasyon yo san baz, pou pwòp bezwen pa yo, yo pa ezite akize nou sot nan yon zòrèy al nan w lòt. O, machè Jètrid, bagay sa a, tankou yon kanno ki pote lanmò, tonbe sou mwen epi touye m mil fwa.

(Yo tande yon bri anndan an)

Rèn nan : O, ki kalite bri sa a ?

Wa a : Kote Suis mwen yo ? Kite yo siveye pòt la.

(Yon mesaje antre)

Sa k genyen ?

Mesaje a : Sove tèt ou, Ekselans. Lanmè ki depase lèbòn pa devore laplenn ak yon rapidite ki pi debòde pase jèn Leyètis, ki alatèt yon bann anraje, ap krabinen ofisye w yo. Popilas la rele l « Ekselans » ; epi kòmsi lemonn te fèk ap kòmanse, yo te bliye ak yo pa konnen tan-lontan ki ratifye tout tit ak koutim ki soutni yo, y ap rele, « Se nou k chwazi ; Leyètis gen pou l Wa ! » Chapo, men, ak lang bat bravo rive jis nan nyaj yo, ap di, « Leyètis gen pou l Wa ! Leyètis Wa ! »

(Yo tande yon bri anndan an)

Rèn nan : Tande jan y ap rele, y ap rejwi, nan move chimen yo an ! O, sila a se yon move wout, bann chyen trèt dànwa !

Wa a : Pòt yo defonse.

(Leyètis ak lòt moun antre)

Leyètis : Kote Wa sila a ? Mesye, noutout, ret kanpe deyò a.

Yotout : Non an n antre !

Leyètis : Tanpri, kite mwen.

Yotout : Dakò, dakò.

Leyètis : M remèsye nou. Ret dèyè pòt la.

(Moun k ap suiv li yo soti)

O, oumenm, Wa salopri, ban m papa m !

Rèn nan : Dousman, bon Leyètis mwen.

Hamlèt

Leyètis : Yon gout san ki kalm nan pwoklame mwen pa pitit papa m, li rele pou l di papa m te pran zoklo; li mete etanp awona isit la sou fwon onorab ak pwòp manman m ki fidèl la.

Wa a : Leyètis, pou ki rezon rebelyon w sa a pran gwo kalite fòm sila a ? Lage li, Jètrid. Ou pa bezwen pè pou sekirite nou. Lesyèl mete yon tèl lantouray otou yon Wa, trayizon se gade l gade sa l ta renmen fè sèlman, li pa ka aji sou volonte l. Di mwen, Leyètis, poukisa w fache konsa a. Lage li, Jètrid. Pale non, monchè.

Leyètis : Kote papa m ?

Wa a : Mouri.

Rèn nan : Men se pa akòz de limenm !

Wa a : Kite l mande tout sa l vle.

Leyètis : Kijan l fè mouri ? Pa vire m tounen m : Redevans mèt al nan nanfè, jire, al jwenn dyab ki pi nwè a, konsyans ak lafwa al nan pi gwo twou an ! M brave kondanasyon. M pran pozisyon m sou pwen sa a : m pare pou m sakrifye toulède monn yo ; nenpòt s a k rive rive, sèlman m ap vanje papa m nèt ale.

Wa a : Kimoun ki pral anpeche ou ?

Leyètis : Se volonte m ki pou fèt ; lemonn antye pa kab anpeche m ! Kanta pou mwayen mwen, m ap kontwole yo tèlman byen, tikras yo ye a, va ale lwen.

Wa a : Leyètis, bon moun mwen, si ou vle konnen pou sèten jan papa w mouri, èske l ekri nan vanjans ou an, pou ponyen ou ranmase lède, ni zanmi ni enmi, ni sa k gaye ni sa k pèdi ?

Leyètis : Pèsonn moun sòf enmi l yo.

Wa a : Èske ou ap rekonèt yo lè sa a ?

Leyètis : M a ouvè bra m lajè sa pou bon zanmi l yo, e tankou pelikan[68], bon-bèt la, ki bay lavi li, m a ba yo san mwen kòm soupe.

Wa a : Ou wè, kounye la a ou pale tankou yon bon pitit ak tankou yon gason lasosyete. Ke m inosan nan lanmò papa ou, e ke m gen anpil lapenn pou li, ap parèt klè nan jijman ou menm jan lajounen parèt klè nan zye ou.

(Yon bri anndan an) : « Kite l antre. »

Leyètis : Sa k genyen ? Ki bri sa a ?

(Ofilya antre)

O, chalè, seche sèvo mwen ! Dlo nan je sèt fwa pi sale, boule sans ak pwisans zye mwen ! M jire sou lesyèl, y ap peye foli ou la nan gwo mezi jiskaske balans nou an remèt yo fleyo yo an. O, woz ki fleri an me ! Chè jènfi, bon jan sè, Ofilya doudou ! O syèl ! Èske se posib bonsans yon jènfi ta kab mòtèl menmjan ak lavi yon vye tonton ? Nati imen nòb nan lanmou li, e nan nòb li nòb la, li voye yon pòsyon nan li al jwenn bagay li renmen an.

Ofilya : *(Chante.)*

Yo pote li tèt-touni sou sivyè a
(Ey non noni, noni, ey noni)

Epi sou tonm li anpil dlo nan je tonbe tankou lapli.

Orevwa, toutrèl mwen!

Leyètis : Si ou te gen bonsans ou, e ou t ap mande revanj, li pa ta pi touchan pase sa a.

Ofilya : Se pou chante, « Aba, aba », e pou « Rele l desann anba. » O, gade jan refren[69] an ale ak li ! Se jeran trèt la ki vòlè pitit mèt li.

Leyètis : Rans sila a di plis pase lòt bagay ta kapab di.

Ofilya : Men womaren, se pou fè sonje. Tanpri, amou, sonje. E gen panse, se pou panse.

Leyètis : Yon leson menmsi se foli ki bay li ! Panse ak sonje mete ansanm.

Ofilya : Men fenouy[70] pou ou, ak ankoli. Men ri pou ou, e men enpe pou mwen. Nou gen dwa rele l fèy lagras dimanch. O, se pou mete ri ou la sou ou ak distenksyon. Men magerit. M ta ba ou enpe vyolèt, men yo tout fane lè papa m mouri a. Yo di li fini byen.

(Li chante)
Paske bèl chè Roben se tout kè kontan mwen.

Leyètis : Panse, lapenn, pasyon, menm lanfè, li fè yo tounen bon ak bèl bagay.

Ofilya : *(Li chante.)*
E èske l p ap janm vini ankò ?
E èske l p ap janm vini ankò ?
Non, non, li mouri;
Ale nan kabann kote ou pral mouri a;
Li p ap janm vini ankò.

Bab li te blan tankou lanèj,
Tèt li te tou blan
Li ale, li ale,
E nou jete jemisman deyò.
Bondye gen pitye pou nanm li!

E pou tout nanm Kretyen, m priye Bondye. Bondye avèk nou.

(Li soti)

Leyètis : Èske ou wè sa, O, Bondye ?

Wa a : Leyètis, se pou m rezonnen avèk tristès ou an, oubyen èske se yon bagay ou refize m. An n mete nou akote. Fè chwa pami zanmi ou yo ki gen plis konprann yo, e yo va jije ant oumenm avèk mwen. Si dirèkteman oswa endirekteman yo jwenn nou enplike, n a bay wayòm nou, kouwòn nou, vi nou, tout sa nou konnen nou posede, tout kòm reparasyon. Men, sinon, aksepte pou akòde nou pasyans ou, e n a travay ansanm avèk santiman ou pou ba li satisfaksyon li merite.

Leyètis : N a fè sa konsa. Jan l mouri a, antèman an kachèt li a—san twofe, epe, oswa yon panno pou dekorasyon sou zo li, okenn rit pou venere l oswa ekzibisyon piblik ofisyèl—yo rele, tankou l soti nan syèl la rive sou latè a, mande pou yo tande yo, pou di mwen oblije kesyone bagay sa a.

Wa a : E se sa w a fè. E kote yo dekouvri fòt la kite rach la tonbe la. Tanpri vini avè m.

(Yo soti)

Nòt

68. Pelikan : Istwa Natirèl epòk Elizabeten an di lè zwazo pelikan pa jwenn manje pou bay pitit li, li chire fal li e ba yo manje chè kò li.

69. Refren : Isit la mo Shakespeare itilize ann anglè se « wheel » wou, an kreyòl. Nòt ki nan Folger Library edisyon an di wou an gen referans a wou yo anplwaye pou fè twal, e Ofilya ap sonje chante li te konn chante lè l konn ap travay sou wou a. Men, yon lòt siyifikasyon pou « wheel » daprè diksyonè Merriam Webster, se refren yon chanson. Mwen twouve siyifikasyon sa

a pi ale avèk kontèks pawòl Ofilya yo. Hugo tradui « wheel » kòm « refren » isit la tou.

70. Fenouy se yon plant ; isit la li se senbòl flatri. Ankoli se yon plant ki fè flè plizyè koulè, isit la li se senbòl engratitid. Ri se yon plant ki fè flè jòn ki gen movèz odè ; isit la li se senbòl tristès ak repantans. Magerit se yon flè ki senbòl enfidelite. Vyolèt se yon flè ki senbòl fidelite.

Sèn VI

Yon sal nan chato a.

(Horesyo antre ak yon sèvitè)

Horesyo : Kilès moun sa yo ki vle pale ak mwen yan ?

Sèvitè a : Maren, Mesye. Yo di yo genyen lèt pou ou.

Horesyo : Fè yo antre.

(Sèvitè a soti)

M pa konn ki kote nan lemonn pou salitasyon sa a t a soti vin jwenn mwen, si se pa Hamlèt ki t a voye l.

(Maren yo antre)

Maren an : Bondye beni ou, Mesye.

Horesyo : Kite l beni ou tou.

Maren an : L a fè li, Mesye, si sa fè l plezi. Gen yon lèt pou ou, Mesye—se anbasadè ki te gen pou l vini ann Angletè a ki voye l—si non ou se Horesyo, jan yo lese m konprann li ye a.

Horesyo : *(Li lèt la.)* Horesyo, lè ou fin kouri je w sou lèt la, bay mesye sila yo yon mwayen pou yo rive jwenn ak Wa a. Yo genyen lèt pou li. Apèn nou fè de jou sou lanmè, yon pirat ki ame avèk gwo ekipman lagè, kòmanse pousuiv nou. Kòm vwalye nou te twò lant, nou deplwaye yon odas fòse; e, yo lage grapen[71] an, epi mwen monte abò. Menm lè a bato yo an lage li soti sou bato nou an. Konsa mwenmenm sèl vin prizonye yo. Yo aji avèk mwen menm jan ak vòlè ki fè moun gras ; men yo te konnen sa yo t ap fè. M gen pou m fè yon bon zak pou yo an retou. Fè Wa a jwenn lèt mwen voye yo, epi vin jwenn mwen ak

Hamlèt 133

tout vitès ou kapab, tankou yon moun ki t ap kouri pou l chape lanmò. M gen pawòl pou m di w nan zòrèy ki va fè w ret bouch be. Malgre sa yo p ap fò ase pou kalib zafè a. Wozennkrents ak Gildennstèn kontinye nan wout yo pou Angletè. M gen anpil bagay pou m di w de yo. Orevwa. Moun ou konnen ki avè w la, Hamlèt.

Vini, m pral ba ou mwayen pou remèt lèt ou sa yo. Epi fè sa trè vit dekwa pou sa kondui m al jwenn moun ki voye ou pote yo an.

(Yo soti)

Nòt

71. Grapen : Yon zouti ki gen yon kwòk pou kole de bato ansanm.

Sèn VII

Yon lòt sal nan chato a.

(Wa a ak Leyètis antre)

Wa a : Kounye a, se pou konsyans ou mete so l sou akite m akite a, epi se pou mete m nan kè ou kòm zanmi pwiske ou tande, e avèk ransèyman ki sèten, moun ki asasinen papa ou la t ap chache pran lavi pa m.

Leyètis : Sanble se vre. Men, di m non, poukisa ou pa t pran pozisyon kont aksyon sa yo ki te tèlman kriminèl ak tèlman grav nan nati yo, tank pou sekirite ou, konprann ou, pou tout lòt bagay sa te dwe pouse ou ak fòs.

Wa a : O, pou de rezon espesyal, ki, petèt, pou ou kapab parèt ensiyifyan ; men pou mwen, kanmèm, yo fò. Rèn nan, manman li, viv prèske atravè zye li. E, pou mwen-menm, yon bon kalite oswa yon fleyo, nenpòt sa l dwe ye a, li tèlman mare a vi m e a nanm mwen, ki fè menm jan ak yon etwal ki pa kapab tounen pase nan obit li, m pa kapab tounen pase nan pa li. Lòt rezon ki fè m pa t a fè yon akizasyon piblik, se gwo lanmou mas popilas la genyen pou li. Nan pran tout fòt li yo foure yo nan afeksyon yo, yo ta, tankou sous ki pran bwa fè l tounen wòch, konvèti chenn li yo an bagay ki merite devosyon. Dekwake flèch mwen yo, ki fèt ak bwa ki twò leje pou yon van ki si fò, t a retounen nan banza m ankò, olye de kote m dirije yo an.

Leyètis : Konsa m pèdi yon papa ki nòb ; sè mwen pouse rive nan yon eta dezespere, limenm ki te gen merit li, si yo kapab fè lwanj pou li pou jan l te ye anvan an, ki te kanpe san rival atravè tout tan pase akòz de pèfeksyon li. Men, jou revanj mwen a vini.

Wa a : Pa pèdi somèy pou sa. Ou pa dwe panse nou fèt ak materyo ki tèlman fèb ak blèm, nou pèmèt yo fè bab nou tranble akòz de danje, epi pou nou pran sa pou jwèt. Ou va tande plis pita. M te renmen papa ou ; e nou renmen tèt nou, e sa, m kwè, va brase refleksyon ou.

(Yon mesaje ki pote lèt antre)

Kijan tout bagay ye ? Ki nouvèl ?

Mesaje a : Ekselans, lèt Hamlèt voye ; sa a pou ou, Majeste ; sila a pou Rèn nan.

Wa a : Hamlèt ki voye yo ? Kilès ki pote yo an ?

Mesaje a : Maren, Ekselans. Se sa yo di ; m pa t wè yo. Se Klodyo ki ban mwen yo ; li resevwa yo nan men moun ki pote yo a.

Wa a : Leyètis, m pral koute yo. Kite nou.

(Mesaje a soti)

(Li li)

Gran Majeste, fòk ou konnen m lage san defans sou teren wayòm ou an. Demen m a mande ou favè pou mwen wè zye wayal ou yo. Lè sa a m a (premyèman apre m mande ou pèmisyon) rakonte ou rezon dwòl ki fè m retounen sou tèt konsa. Hamlèt.

Kisa sa sanse vle di ? Èske tout rès yo retounen ? Oswa, èske se kèk magouy, osinon se pa anyen ?

Leyètis : Èske ou rekonèt men ki ekri l la ?

Wa a : Se ekriti Hamlèt. « Toutouni. » Epi, isit, anba lèt la li di, « Poukont mwen ». Èske ou kab ede m konprann ni ?

Hamlèt

Leyètis : M pa wè ni tèt ni pye ladan l, Ekselans. Men, kite l vini ! Sa rechofe maladi sa a m genyen nan kè m nan, dèske m ap viv ase pou m di li nan figi li, « Men sa ou fè. »

Wa a : Si se konsa, Leyètis (E kijan l fè pou se konsa ? Kijan pou se otreman ?), Èske ou a aksepte pou m dirije ou ?

Leyètis : Wi, Ekselans, depi ou pa fòse m fè lapè.

Wa a : Lapè avèk tèt ou. Si l retounen kounye la a, kòmsi li ranka vwayaj la, e li pran pozisyon pou l pa janm antre-prann li, m a va manevre l pou l patisipe nan yon eprèv ki antre nan plan m nèt, ki p ap kite l okenn lòt chwa sinon pou l fayi. E p ap menm genyen yon van akizasyon ki soufle sou lanmò li. Men, menm manman l ap padone move mwayen an, e ap rele l yon aksidan.

Leyètis : Ekselans, m a va kite ou aji ; espesyalman si ou te kab ranje l dekwa pou se mwenmenm ki lakòz li.

Wa a : Sa tonbe dakò menm. Depi vwayaj ou a, yo pale anpil de ou, e sa, nan prezans Hamlèt, de yon don ou genyen ki plis pase pèsonn. Tout kapasite ou genyen mete ansanm pa fè l gen plis jalouzi pase sila a sèl, ki, daprè mwen, genyen mwens valè.

Leyètis : Ki kapasite li ye, Ekselans.

Wa a : Yon senp riban nan chapo jèn moun—men ki nesesè tou ; pase yon kostim ki leje ak debraye pa ale ak jèn moun plis pase rad ak fouri sonm ki pwoteje lasante granmoun ale ak yo. De mwa de sa te gen yon nonm lasosyete ki soti Nòmandi. Mwen te wè Fransè yo mwenmenm, e mwen sèvi kont yo, e yo konn monte chwal byen ; men sila a, se te yon kavalye ki te gen maji anndan li. Li te plante sou sèl li ; e li te fè cheval la ekzekite de bagay tèlman ekstwòdinè, se te kòmsi kò yo te melanje e limenm ak bèt onorab la youn te mwatye lòt. Li te tèlman depase lide mwen, tout sa m te kapab imajine kòm ekzekisyon ak mèvèy te mwens pase sa li t ap ekzekite.

Leyètis : Yon moun ki sot Nòmandi ou di ?

Wa a : You moun Nòmandi.

Leyètis : M jire sou vi m, se Lamon.

Wa a : Limenm menm.

Leyètis : M konnen l byen. Li se reyèlman meday ak bijou tout nasyon an.

Wa a : Li fè lwanj pou ou ; e li ba ou yon tèlman bon rapò, di ou se mèt nan ekzèse a defans, nan epe espesyalman, li rele li di se ta yon bagay pou wè vre si te genyen yon moun ki te kab fè fas a ou. Li jire li di moun nan nasyon l yo ki tire epe yo pa gen ni elan, ni gad, ni je si ou opoze yo. Mesye, rapò li sa a te tèlman fè jalouzi Hamlèt monte l, li pa t kab fè anyen sinon pou l mande ak priye pou t a tounen sou tèt pou tire ak li. Koulye a, soti nan sa.

Leyètis : Kisa k pou soti nan sa, Ekselans ?

Wa a : Leyètis, èske papa ou te chè pou ou ? Oubyen èske ou tankou yon pòtre tristès, yon figi san yon kè ?

Leyètis : Poukisa ou mande sa ?

Wa a : Pa paske m panse ou pa t renmen papa ou non ; men m konnen lanmou kòmanse avèk tan, e mwen wè, nan ekzanp ki soti nan eksperyans, tan diminye etensèl ak dife li. Nan mitan dife lanmou menm genyen yon espès de mèch ak yon lanp ki viv la ki va redui li. E pa gen anyen ki rete bon pou tout tan. Pase bonte limenm, grandi a l eksè, li mouri nan pwòp twòp abondans li. Sa nou vle fè, nou dwe fè li lè nou fè li. Paske « vle » a chanje, e li gen otan de bagay ki redui l ak ba l delè, avèk lang, ak men, ak aksidan. E, « dwe » a, li tankou yon jemisman ki fatigan e ki fè mal lè yo lage l soti. Men an n ale nan pati vif ilsè a ! Hamlèt ap retounen. Kisa ou t a antreprann pou montre ou se pitit papa ou nan aksyon ou plis pase nan pawòl ou.

Leyètis : Pou m koupe kou l nan legliz la !

Wa a : Pa dwe gen okenn kote vrèman ki pwoteje asasina; revanj pa dwe gen okenn limit. Men, Leyètis, bon moun mwen, èske ou ka fè sa a ? Rete anndan chanm ou. Lè Hamlèt retounen l ap konnen ou antre lakay ou. N a pouse moun fè lwanj pou ekselans ou ak mete de fwa plis vèni sou renome ou pase sa Fransè a te ba ou a ; alafen n a mete nou fas a fas epi fè yon paryaj sou tèt nou. Limenm, ki neglijan, ki charitab anpil, e ki pa gen okenn twou-nan-manch, p ap egzaminen epe yo ; dekwake avèk fasilite, oswa avèk yon rapidite ou gendwa chwazi yon epe ki pa pwoteje, epi, avèk yon pas trèt, peye l pou papa ou.

Leyètis : M va fè li ! E nan bi sa a, m a va mete yon bagay sou pwent epe m nan. M achte yon luil ki tèlman mòtèl nan men yon chalatan, si ou tranpe yon kouto ladan l, kote l mete san deyò a, pa gen yon pansman menmsi li ra, ki fèt avèk tout fèy ki genyen pouvwa anba lalin nan, ki kapab sove bagay sa a anba lanmò, menmsi se grafouyen li grafouyen l. M va touche pwent mwen nan pwazon sila a, dekwake si m kòche l sèlman, se kapab lamò.

Wa a : An n reflechi sou sa plis ; an n panse a ki lè ak ki jan k ap pi bon pou plan nou an. Si sila a echwe, epi nan ekzekite sa mal yo dekouvri entansyon nou, li t ap mye pou n pa ta eseye. Konsa pwojè sa a dwe genyen yon derechany ak yon dezyèm plan ki kab kenbe si sila a echwe nan egzekisyon li. Dousman. Ban m wè. N a fè yon paryaj ofisyèl sou kapasite nou chak. Mwen jwenn ni ! Lè nan ekzèsis nou an nou vin cho e nou swaf—e nan bi sa a fè atak ou yo pi vyolan—epi li mande yon bagay pou l bwè, m va prepare yon tas pou li pou sa menm ; dekwa goute l sèlman, si pa aza li chape anba kou anpwazonnen ou la, bi nou an va reyalize la. Men, atansyon ; ki bri sa a ?

(Rèn nan antre)

Kijan sa ye, Rèn doudous ?

Rèn nan : Yon malè mache dèyè talon yon lòt tèlman yo suiv vit. Sè ou la nwaye, Leyètis.

Leyètis : Nwaye ? O, kikote ?

Rèn nan : Genyen yon pye sòl[72] ki pouse panche sou yon sous dlo ki montre reflè fèy gri li yo nan miwa kouran dlo an. Li te vini la avèk gilann etranj ki fèt ak flè renonkil[73], zòti[74], magerit, epi flè long mòv, sa bèje liberal nou yo bay yon non ki pi vilgè men jènfi frèt nou yo rele yo dwèt gason ki mouri. La, pandan l ap grenpe pou l pann kouwòn zèb li a sou yon branch ki panche, yon branch jalou kase, epi tout twofe an fèy li yo ansanm ak li tonbe nan sous dlo k ap kriye a. Rad li blayi tout lajè, e tankou yon lasirèn, li te kenbe l anlè pou yon moman, pandan lè sa a li chante moso chanson ansyen, tankou yon moun ki pa rekonèt pwòp detrès li, oswa kouwè yon kreyati ki fèt natirèlman pou eleman sila a. Men li pa t kab ret lontan anvan rad li yo, lou avèk sa yo bwè a, rale pòv malèrèz la soti nan chanson ann amoni li an ale nan yon lanmò boure ak labou.

Leyètis : Adye, konsa li nwaye.

Rèn nan : Nwaye, nwaye.

Leyètis : Ou gen twòp dlo, pòv Ofilya, konsa m defann dlo nan zye m; men epoutan se jan nou. Lanati kenbe abitid li. Kite wonte di sa l vle. Lè sa yo ale, kote feminen an va ale. Orevwa, Ekselans. Mwen gen yon diskou plen dife, ki cho ase pou l ta boule—sèlman si foli sa a pa etenn li.

Wa a : An nou suiv, Jètrid. Sa m pa t fè pou kalme raj li ! Koulye a mwen pè bagay sila a a fè l kòmanse ankò; konsa an nou suiv.

(Yo soti)

Nòt

72. Sòl : Yon pyebwa ki gen branch li pandye desann.
73. Renonkil : Yon plant kouwè boutondò.
74. Zòti : Plant ki gen pikan.

Ak V

Sèn I

Yon simityè ki nan lakou yon legliz.
(De peyizan[75] antre avèk pèl ak pikwa).

Peyizan an : Èske y ap antere l ak antèman Kretyen limenm ki fè espre pou l devanse lè l resevwa lesali l la ?

Lòt la : M di ou wi. Konsa fouye fòs la koulye la a. Anketè a fè ankèt sou li, e desizyon l se pou antèman Kretyen.

Peyizan an : Kijan sa fè posib, sòf si li nwaye tèt li nan defann tèt li ?

Lòt la : Enben, se konsa desizyon an fèt.

Peyizan an : Se dwe *se offendendo*[76]; li pa kapab anyen dòt. Paske men pwen an : si m fè espre m nwaye tèt mwen, sa vle di se yon zak ; e yon zak genyen twa branch : aji, fè, ak ekzekite, *argal*[77], li fè espre li nwaye tèt li.

Lòt la : Non, men koute mwen, chè moun k ap fouye twou !

Peyizan an : Kite m kontinye. Men dlo a ; bon. Nonm nan kanpe bò isit ; bon. Si nonm nan ale nan dlo sa a li nwaye tèt li, sa vle di, li vle fè l, li pa vle fè l[78]—li ale—remake sa byen. Men si dlo a vin jwenn ni epi nwaye li, li pa nwaye tèt li. *Argal*, yon moun ki pa koupab de pwòp lanmò li pa rakousi pwòp lavi li.

Lòt la : Men, èske se lalwa ?

Peyizan an : Wi, o non de Dye, se la lwa ankèt anketè a.

Hamlèt

Lòt la : Ou vle konn laverite nan bagay sa a ? Si se pa t yon fi nan lasosyete, yo pa t ap antere l nan simityè Kretyen.

Peyizan an : Wi, se sa ou di a menm ! E se domaj gwo zotobre yo ankouraje nan monn sa a pou yo nwaye oswa pann tèt yo plis pase Kretyen parèy yo. Annouwè, pèl mwen ! Pa gen lòt ansyen gason lasosyete apa : jadinyè, moun k ap fouye twou, ak moun k ap fouye fòs. Se yo k ap kontinye metye Adam an.

Lòt la : Li te yon gason lasosyete ?

Peyizan an : Se limenm premye ki te janm pote zam.[79]

Lòt la : O, li pa t gen okenn.

Peyizan an : Kisa ! Ou se yon payen ? Kouman ou konprann Ekriti yo. Ekriti a di Adan te fouye. Èske l te kab fouye san zam ? M ap poze ou yon lòt kesyon. Si ou pa reponn mwen ekzakteman, ou mèt avwe.

Lòt la : Kontinye !

Peyizan an : Kilès ki bati pi solid pase ni mason, ni moun ki bati bato, oswa yon chapantye ?

Lòt la : Moun ki bati echafo pou yo pann moun ; paske konstriksyon sila a dire pi lontan pase mil moun ki pase ladan l.

Peyizan an : An verite, m renmen entelijans ou. Kote yo pann moun nan fè yon bagay ki bon. Men, nan ki sans li fè sa ki bon ? Li fè sa ki bon pou moun ki fè sa ki mal. Kounye a, ou pale mal lè ou di kote yo pann moun nan fèt pi solid pase legliz. *Argal*, kote yo pann moun nan kapab bon pou ou. An n ale ankò !

Lòt la : Kilès ki bati pi solid pase ni mason, ni moun ki bati bato, oswa yon chapantye ?

Peyizan an : Reponn mwen, e jounen travay ou fini.

Lòt la : Anverite, m kapab di li koulye la a !

Peyizan an : Annouwè.

Lòt la : O non de Dye, m pa kapab.

(Hamlèt ak Horesyo antre delwen)

Peyizan an : Pa kontinye bat sèvo ou sou sa toujou; paske vye bourik lant ou an p ap mache pi vit avèk baton. E lè yo poze ou kesyon sa a ankò, reponn : "Se yon moun ki fouye fòs." Kay li fè yo dire jis dènye jijman. Annavan, ale kay Yohann chèche yon tas likè pou mwen.

(Dezyèm peyizan an soti)

(Premye peyizan ap fouye ; l ap chante)

Pandan jenès mwen, lè mwen te renmen, te renmen,
M te panse li te trè dous ;
Pou m rakousi O, lè pou m benefisye,
O, m te panse anyen pa t pi bon.

Hamlèt : Èske mouche sa a pa gen okenn santiman pou zafè la p fè a, dekwa pou l ap chante toutpandan l ap fè yon fòs ?

Horesyo : Abitid fè li vin yon bagay fasil pou li.

Hamlèt : Wi, se konsa wi. Men ki travay mwens lan gen santiman ki pi delika.

Peyizan an : *(Li Chante)*

Men laj avèk pa li k ap vòlò
Ponyen mwen nan grif li,
E li anbake m retounen nan latè,
Kòmsi m pa t janm ekziste.

(Li voye yon zotèt anlè)

Hamlèt : Zotèt sa a, yon lè, li te gen yon lang ladan l e li te kab chante. Gade jan malveyan an voltije l atè tankou se te zo machwè Kayen ki te komèt premye asasina a ! Li ta kapab tèt yon politisyen malbourik sila a ap malmennen konsa a, youn ki te kwè li te kapab eskive Bondye ; li ta kapab sa pa vre ?

Horesyo : Li ta kapab, Ekselans.

Hamlèt : Oswa pa yon moun nòb ki te kab di, « Bonjou chè Ekselans mwen ! Kijan ou ye, bon Ekselans ? » Li ta kab Ekselans Entèl-entèl, ki te fè lwanj pou cheval Entèl-entèl lè li te gen entansyon mande l li—pa vre ?

Horesyo : Wi, Ekselans.

Hamlèt : Wi, vrèman ! E kounye la a li pou Madam Vè, san zo machwa anba li, epi pèl yon moun k ap fouye fòs ap voltije tèt li pasi pala. Sa se yon bèl revolisyon si n te gen mwayen pou n obzève li. Zo sila yo, èske yo pa t koute ase pou nouri yo ki fè se pou yo jwe jwèt kiy[80] avè yo ? Pa m fè m mal pou m panse a sa.

Peyizan an : *(Li chante.)*

> *Yon pikwa ak yon pèl, yon pèl,*
> *E yon kouvèti moun mouri pou yon dra;*
> *Epi, pou yo fè yon twou nan lajil,*
> *Se tou sa yon envite konsa bezwen.*

(Li voye yon lòt zotèt monte anlè)

Hamlèt : Men yon lòt. Sa k pou di se pa zotèt yon avoka ? Kikote nyans lojik li yo ye kounye a, ak mwayen pou eskive li yo, ka li yo, kenbe pozisyon li yo, ak twou-nan-manch li yo ? Poukisa li pèmèt malveyan malelve sila a voltije tèt li pasi pala ak yon pèl sal, epi l pa p di li anyen pou aksyon agresif li an ? En ? Mesye sa a, t a kab, nan tan pa li, yon gwo moun k ap achte tè, avèk ipotèk li yo, obligasyon li yo, amand li yo, garanti doub li yo, rekouvreman li yo. Èske sa a se amand amand li yo, ak rekouvreman rekouvreman li yo, pou bèl tèt li a plen ak bèl fatra ? Èske garanti li yo p ap garanti bagay li achte yo anyen ankò, e sa k doub yo tou, anyen pase longè ak lajè yon pè kontra ? Papye tè li yo sèlman se apèn si yo ka repoze nan bwat sila a; e eritye a limenm li pa dwe genyen anyen plis ? Aaa!

Horesyo : Pa yon ti kras plis, Ekselans.

Hamlèt : Èske pachemen se pa avèk po mouton li fèt ?

Horesyo : Wi, Ekselans, e avèk po tibèf tou.

Hamlèt : Yo se mouton ak tibèf moun k ap chache asirans nan bagay konsa. M pral pale ak nonm sa a. Mouche, poukimoun fòs sa a ye ?

Peyizan an : Pou mwen, Mesye.

(Li chante)

O, pou yo fè yon twou nan lajil,
Se tou sa yon envite konsa bezwen.

Hamlèt : M kwè se pou ou li ye toutbonvre ; paske ou kouche anndan l.

Peyizan an : Ou kouche andeyò l, mesye, konsa se pa pou ou li ye. Kanta pou mwenmenm, m pa kouche anndan l ; malgre sa li pou mwen.

Hamlèt : Ou bay manti[81] nan sa ; pou anndan li, epi pou di li pou ou. Se pou moun-mouri li ye, pa pou moun vivan ; konsa ou ap bay manti.

Peyizan an : Se yon manti ki bay vit[82], Mesye, l ap pase sot nan mwen ankò, l al jwenn ou.

Hamlèt : Pou ki nonm ou ap fouye li ?

Peyizan an : Pou okenn nonm, Mesye.

Hamlèt : Pou ki fi, alò ?

Peyizan an : Pou okenn nonplis tou.

Hamlèt : Kimoun ki gen pou l antere ladan l ?

Peyizan an : Youn ki te yon fi, Mesye, men, Bondye beni nanm li, li mouri.

Hamlèt : Ala yon malveyan ki total nèt ! Se pou n pale ak kat nan men nou, sansa siyifikasyon doub va desounen nou. O non de Dye, Horesyo, m remake sa depi twa zan, syèk nou an vin tèlman rafinen, zòtèy yon peyizan vin tèlman pre talon yon moun nòb, li kòche zanpoud li. Depi kilè ou ap fouye fòs ?

Peyizan an : Tou lè jou nan ane a. M kòmanse fè sa jou dènye Wa nou an, Hamlèt, te gen laviktwa sou Fòtennbras.

Hamlèt : Sa fè konbyen tan depi lè sa a ?

Peyizan an : Ou pa konn kilè ? Tout iyoran konn kilè. Se te menm jou jèn Hamlèt te fèt la—limenm ki pèdi tèt li a, epi yo voye l ann Angletè a.

Hamlèt : Wi, adjewidan, poukisa yo voye l ann Angletè ?

Peyizan an : Enben, paske l te fou. Tèt li va vin byen ankò laba a ; oubyen si sa pa rive, se pa gwo pwoblèm laba a.

Hamlèt : Poukisa ?

Peyizan an : La yo p ap ka remake foli a nan li. La gason yo fou menmjan ak li.

Hamlèt : Kijan l te vin fè fou ?

Peyizan an : Nan yon fason trè dwòl, yo di.

Hamlèt : Dwòl nan ki sans ?

Peyizan an : Nan pèdi tèt li a menm.

Hamlèt : Sou ki baz ?

Peyizan an : Enben, isit la, nan Dànmak. M ap fouye fòs isit la depi trantan, depi m te tigason rive jis yon nonm.

Hamlèt : Ki kantite tan yon nonm kab kouche anba tè anvan l pouri ?

Peyizan an : Vrèman, si l pa pouri anvan l mouri (tankou nou gen anpil kò malad ak vèrèt ki, sèjousi, pa prèske kapab kenbe ase pou yo menm ekspoze yo), li kapab dire uit ou nevan. Yon tannè ap dire ou nevan.

Hamlèt : Poukisa limenm plis pas yon lòt ?

Peyizan an : Enben, Mesye, paske kui li tèlman tannen avèk metye li a, li kapab anpeche dlo antre pandan yon pakèt tan; e dlo se yon bagay ki pouri kadav pitit awona ou pi di. Men yon zotèt kounye la a : zotèt sa a te ret antere nan tè a pandan venntwazan.

Hamlèt : Tèt Kimoun li te ye ?

Peyizan an : Pa yon moun fou pitit-awona l te ye. Pa Kimoun ou panse l te ye ?

Hamlèt : Non, m pa konnen.

Peyizan an : Lapès tonbe sou li moun fou anranje a ! Li te lage yon flakon diven Rhemish sou tèt mwen yon fwa. Zotèt sila a, Mesye, te zotèt Yòrik, komik Wa a.

Hamlèt

Hamlèt : Sila a ?

Peyizan an : Limenm menm.

Hamlèt : Ban m wè. *(Li pran zotèt la.)* Adye, pòv Yòrik ! M te konnen l, wi, Horesyo. Yon nonm ki te konn anpil anpil blag, ki te gen konsepsyon estwòdinè. Li te pote m sou do l omwen mil fwa. Epi kounye la a ala yon orè li ye nan panse mwen ! Degoutans monte mwen devan li. Isit la, se la a pobouch li te ye, pobouch m te konn bo m pa konn kikantite fwa. Kikote lodyans ou yo ye kounye la a ? Jwèt ou yo ? Chante ou yo ? Kout zeklè rejwisans ou yo ki te konn fè tab la pete ekla ri yo ? Pa gen youn kounye la a pou imite jan pwòp dan ou griyen ? San manton prèske ? Kounye a al nan chanm Madam nan, epi di li, kite li met makiyaj yon santimèt pwès, fò l vin tankou figi ou wè la a. Fè l ri devan bagay sa a. Tanpri, Horesyo, di m yon bagay.

Horesyo : Kisa l ye, Ekselans.

Hamlèt : Ou kwè Aleksann[83] te gen aparans sila a nan latè ?

Horesyo : Menm jan an.

Hamlèt : E l te santi konsa ? Wouch ! *(Li mete zotèt la atè.)*

Horesyo : Menm jan an, Ekselans.

Hamlèt : Gade nan ki vye sèvis nou kapab abouti, Horesyo ! Poukisa imajinasyon pa ta ka trase pousyè nòb Aleksann jis li rive jwenn li ap bouche twou yon tono ?

Horesyo : Se pou l t a reflechi ak twòp konprann pou l ta konsidere l konsa.

Hamlèt : Non, an verite, pa ditou ; men sèlman pou suiv li byen enb ase pou ale jis la, e pa aza, gide l la, konsa :

Aleksann mouri, Aleksann te antere, Aleksann retounen nan pousyè ; pousyè a se tè, avèk tè nou fè tè ajil ; e poukisa avèk tè ajil la (li vin tounen an,) yo pa t a kab fèmen yon barik byè ?

Seza Enperyal, mouri e tounen labou,
T a kapab pou anpeche van antre bouche yon twou.
O, si tè sila a ki te kenbe lemonn nan lakrent la
T a kab bouche yon mi pou bare rafal van ivè a !

Men, sit ! Akote ! Men Wa a ap vini.

(Wa a, Rèn nan, Leyètis, ak yon sèkèy,
antre avèk Pè ak Ofisyèl Nòb)

Rèn nan, moun Wayal yo. Kimoun y ap suiv la a ? E avèk seremoni si rakousi ? Sa vle di kò y ap suiv la, avèk men dezespere, te detwi pwòp vi li. Se te yon moun ki gen valè. Ann kache yon moman, epi n obzève.

(Li wete kò l ak Horesyo)

Leyètis : Ki lòt seremoni ki rete ankò ?

Hamlèt : Sa se Leyètis. Yon jenòm trè nòb. Fè atansyon.

Leyètis : Ki lòt seremoni ki rete ankò ?

Pè a : Nou chante antèman l lan jan n te gen mwayen ki pèmèt nou nèt pou n agrandi l. Te gen ensètitid nan lanmò l la. E si pa t gen gwo lòd ki mete règleman an dekote, li ta p kouche nan tè ki pa beni jis dènye twonpèt la. Olye de priyè charitab, se zenglen, wòch, ak gravwa yo t a voye sou li. Epoutan, yo akòde l jèb moun ki vyèj, flè yo voye sou jènfi, ak retounen lakay nan latè sou son klòch.

Leyètis : Pa gen anyen dòt ankò yo t a kab fè ?

Hamlèt

Pè a : Anyen ankò ki kapab fèt. Nou ta pwofane sèvis mò yo pou n chante yon rekiyèm pou li pou mande menm repo ak pou nanm ki ale an pè yo.

Leyètis : Mete l nan tè a ; e se pou vyolèt leve soti nan bèl chè san tach li a ! Mwen di ou, Pè malelve, sè m nan ap yon anj gadyen lè ou kouche yon kote ap rele.

Hamlèt : Kisa, bèl Ofilya ?

Rèn nan : *(Lage flè.)* Bagay dous pou moun dous! Orevwa. M te espere pou t a madanm Hamlèt mwen an. M te panse se kabann maryaj ou m t ap dekore ; pa voye flè sou tonm ou.

Leyètis : O, twa fwa lamizè, tonbe dis fwa twa sou tèt madichonnen sa a ki fè move zaksyon sila a ki lakòz ou pèdi bonjan bonsans ou an ! Kenbe tè a yon ti moman, jis mwen kenbe li yon fwa ankò nan bra mwen.

(Li lage kò l anndan fòs la)

Koulye a fè pousyè fè pil sou ni vivan ni mò jiskaske ou fè kote plat sila a vin tounen yon montay ki depase tèt vye Peleyon[84] oswa tèt selès Olenp[85] ble a.

Hamlèt : *(Avanse.)* Kilès sa a k ap montre doulè l san kontwòl konsa la a ? Ki fè pawòl lapenn li yo konjire zetwal file yo, epi fè yo ret kanpe tankou moun ki tande bagay ki fè yo sezi a ? Se mwenmenm,

(Li lage kò l dèyè Leyètis)

Hamlèt, Dànwa a !

Leyètis : Se pou dyab la pran nanm ou !

(Li batay ak li)

Hamlèt : Ou p ap priye byen. Silvouplè wete dwèt ou nan gòjèt mwen ; paske, kwak mwen pa ni anraje ni vyolan, m gen yon bagay poutan lakay mwen ki danjre, ki te dwe fè bonsans ou gen lakrent. Wete men ou !

Wa a : Separe yo.

Rèn nan : Hamlèt, Hamlèt !

Tout lòt moun yo : Mesye !

Horesyo : Bon, Ekselans mwen, kalme ou.

(Ofisyèl yo separe yo, epi yo soti nan fòs la)

Hamlèt : Wi, m va batay avè l sou pwen sa a jistan poje m sispann bat.

Rèn nan : O, pitit gason mwen, sou ki pwen ?

Hamlèt : M te renmen Ofilya. Karant mil frè pa ta kapab (avèk tout kantite amou yo met ansanm) rive nan kantite pa m la. Kisa ou pare pou fè pou li ?

Wa a : Li fou, Leyètis.

Rèn nan : Pou lamoudedye, kite li !

Hamlèt : Anverite Bondye, montre m sa ou vle fè. Ou vle kriye ? Ou vle batay ? Ou vle fè jèn ? Ou vle dechire tèt ou ? Ou vle bwè vinèg ? Manje yon kwokodil ? M va fè li. Se plenyen ou vin isit la pou plenyen ? Pou depase mwen nan voye kò ou nan fòs la ? Ou vle antere vivan avèk li ; e m a fè l tou. E si ou radote afè de montay, kite yo vide kantite milyon kawo sou nou, jiskaske tè nou an monte boule bit tèt li nan zòn twopik la, pou l fè Ossa parèt tankou yon veri. Non, e ou vle ouvri dyòl ou, m a ranni menmjan ak ou.

Hamlèt 153

Rèn nan : Se foli a, anyen dòt. E se konsa kriz la ap aji sou li pou yon moman, epi, menmjan ak yon femèl toutrèl ki gen pasyans lè de pitit dore[86] li yo kale, li v a tonbe chita an silans.

Hamlèt : Koute non, Mesye ! Pou ki rezon ou trete m jan ou trete m nan ? M te toujou renmen ou. Men sa pa fè anyen. Nenpòt sa Èkil limenm ta fè, chat la va di myaw, e chyen an va gen jou pa li.

(Li soti)

Wa a : Tanpri, Horesyo, bon moun mwen, akonpaye l.

(Horesyo soti)

(Wa a adrese Leyètis)

Fòtifye pasyans ou nan pawòl nou te pale yèwoswa yo. Nou pral met zafè a sou pye koulye la a. Jètrid bon moun mwen, mete moun veye pitit gason ou nan. Tonm sila a va gen yon moniman vivan. Nou pral jwenn repo nou toutalè. Annatandan ann aji avèk pasyans.

(Yo soti)

Nòt

75. Peyizan : Ann anglè, Shakespeare anplwaye mo « Klown » ki jodi a vle di yon moun ki fè moun ri ; men nan tan Hamlèt te ekri a, yon « klown » te vle di yon fèmye, ak yon peyizan tou. Diksyonè Webster di mo a kapab soti nan orijin alman « klöne » ki vle di : gòch, maladwa.

76. Se offendendo : Peyizan an te vle di se defendendo, yon ekspresyon legal laten ki vle di : nan defann tèt li; olye de sa li di : se offendendo : ki vle di, nan ofanse tèt li, nan fè tèt li ditò.

77. Argal : Peyizan an vle di : ergo, yon mo laten ki vle di « konsa » yon konklizyon yo tire.

78. Fè l : Peyizan an di : « li vle fè l, li pa vle fè l » yon ekspresyon anglè ansyen ki vle di : san chwa, espontane, fòse, san fè plan. Mo a kouran ann anglè jodi a nan fòm : « willy-nilly. »

79. Zam. Yon pèl ki gen yon boukliye. Liv ansyen te konn montre yon desen Adan ak yon pèl nan men l ki genyen you boukliye ladan l. Yon boukliye se yon gwo plak sòlda lontan te konn kenbe nan men yo pou pwoteje yo nan konba.
80. Kiy : Yon jwèt kote yo aliyen pyès ki gen fòm boutèy an bwa, epi yon moun lanse yon boul sou yo a la men pou ranvèse pyès yo lage yo atè.
81. Manti : Shakespeare ap fè yon jwèt ak mo isit la. « Kouche » ann anglè « lie » ak mo « manti », « lie » tou, ekri ak pwononse menm jan.
82. Vit : Gen yon jwèt ak mo k ap fèt la a tou avèk mo « quick » ann anglè, ki vle di « vit » anmenmtan li vle di « vivan » tou.
83. Aleksann Le Gran : Anprè grèk ki te konkeri anpil peyi e ki te mouri jèn. Li trè selèb.
84. Peleyon : Yon montay wo, jeyan nan mitoloji grèk yo mete sou Montay Ossa, pou yo sa eseye atenn Montay Olenp.
85. Olenp : Nan mitoloji grèk, montay kote bondye yo rete.
86. Dore : De ti toutrèl yo parèt dore pase yo kouvri ak plim jòn lè yo fèk fèt.

Sèn II

Yon sal nan Chato a.

(Hamlèt ak Horesyo antre)

Hamlèt : Ase ak zafè sa a, Mesye ; kounye a an n al nan w lòt. Ou sonje tout pakèt sikonstans lan ?

Horesyo : M sonje li, Ekselans mwen !

Hamlèt : Monchè, te gen yon espès de lit nan kè mwen, ki pa t vle kite m dòmi. M te panse kondisyon m te pi mal pase rebèl yo mete anba fè nan lakal. Avèk odas- e se pou n remèsye odas pou sa, ann rekonèt li, enpridans nou sèvi nou byen pafwa, lè gwo plan nou yo faya; e sa dwe aprann nou ke genyen yon Bondye ki fòme desten nou, menmsi nou jwenn mwayen pou nou mal dirije li.

Horesyo : Sa se sèten nèt.

Hamlèt : Soti nan kabin mwen, manto vwayaj mwen tankou yon echap toutotou mwen, nan fè nwa a, m tatonnen pou m jwenn yo. Dezi m akonpli ; m met men m sou pake a, epi m wete kò m byen, m retounen nan chanm mwen ankò. M met odas sou mwen (lakrent fè m pèdi lapolitès), pou m dekachte gwo mesaj ofisyèl yo an. E la, mwen jwenn, Horesyo (O, malveyans wayal !) yon lòd fòmèl, ranpli avèk yon pakèt kalite rezon ki gen rapò a byennèt Dànmak ak pa Angletè tou, O wi ! Avèk tout danje ki egziste—tankou m se te movèzespri ak lougawou—si m kontinye viv, pou lè yo li enstriksyon an, san okenn dèlè, non, san pran tan pou yo file rach la menm, yo dwe koupe tèt mwen.

Horesyo : Èske sa se posib ?

Hamlèt : Men mesaj la ; pran tan ou pou li li. Men, èske ou vle tande sa m te fè ?

Horesyo : Wi, tanpri.

Hamlèt : Antoure toutotou konsa tankou nan yon filè malveyans, anvan sèvo m te kapab fè yon avanpwopo, li kòmanse dewoule pyès la. M chita kò m, m prepare yon nouvo mesaj, ekri li byennekri. Lontan, m te konn kwè, tankou òm deta nou yo, si yon moun ekri byen se te yon bagay avilisan, e m te travay di pou m bliye talan sa a, men, monchè, kounye a, li te rann mwen yon sèvis m te ka konte sou li. Èske ou vle konnen kontni sa m te ekri a ?

Horesyo : Wi, bon Ekselans mwen.

Hamlèt : Yon rekèt sensè de Wa a, voye bay Wa Angletè a, tankou yon sijè fidèl, si lanmou antre yo dwe fleri tankou yon pye palmis, si pou lapè kontinye pote kouwòn ble li, epi pou yon tirè rete ant zanmitay yo, epi anpil lòt bagay konsa ki gen anpil enpòtans, se pou, depi li fin gade epi li konnen kisa ki nan mesaj la, san okenn delè, ni plis ni mwens, se pou l touye moun ki pote mesaj la menm lè a, san l pa pèmèt yo tan pou yo konfese.

Horesyo : Kijan ou poze so sou li ?

Hamlèt : Enben, menm nan sa, lesyèl te aji. M te gen bag ki gen so papa m nan nan sak mwen, limenm ki te sèvi modèl pou so Dànmak la. M pliye lèt nan fòm lòt la, adrese li, kachte li, m mete l nan plas li san malè ; yo pa apèsi timoun ki chanje a. Kounye a, lelandmen, se te batay sou lanmè nou an, e sa k rive apre sa ou konnen deja.

Horesyo : Konsa Gildennstèn ak Wozennkrents al toudwat nan lanmò yo ?

Hamlèt

Hamlèt : Gade non, monchè, yo te kouri dèyè l menm ! Konsyans mwen pa jennen m pou yo. Sa yo jwenn nan se yo k te chèche l pase yo te foure kò yo ladann. Li danjre lè yon nati ki enferyè antre nan mitan monte desann pwent epe de enmi ki pwisan.

Horesyo : Wa sa a, ala yon Wa, en ?

Hamlèt : Èske koulye a, ou pa kwè, m genyen obligasyon—limenm ki tiye Wa mwen an, epi ki fè manman m tounen piten, ki foure kò l ant volonte pèp la ak espwa pa mwen, ki lage zen l dèyè pwòp vi mwen, e avèk yon mwayen tèlman pèfid—Èske se pa ak tout konsyans pou m t a fini ak li avèk bra sila a ? E èske se pa yon ak ki kondanab pou kite maleng nan mitan nou sa a kontinye ap fè move zaksyon li yo ?

Horesyo : Toutalè Angletè pral fè l konnen rezilta afè ki pase laba a.

Hamlèt : Li san lè ; antretan sa a lè a nan kan pa mwen. E lavi yon nonm pa pi long pase tan li pran ou pou di « youn ». Men, m regrèt anpil, monchè Horesyo, jan m bliye manyè mwen avèk Leyètis. Paske nan imaj ka pa m nan, mwen wè reflè pa l la. M pral chache antre nan bòn gras li. Men se sèten, gwo ekzibisyon lapenn li an, te fè santiman m chofe depase lèbòn.

Horesyo : Dousman ! Kimoun k ap vin la a ?

(Òzrik, yon jenòm ki fè pati de Chato Wayal la, antre)

Òzrik : Ekselans, se pa ti kontan m kontan wè ou retounen Dànmak.

Hamlèt : Mwen remèsye ou byen enbleman. *(Li adrese Horesyo apa, sou lèkote.)* Èske ou konnen ti mouch sa a ?

Horesyo : *(Li adrese Hamlèt apa.)* Non, bon Ekselans mwen.

Hamlèt : *(Li adrese Horesyo apa.)* Ou nan mèyè eta de gras, paske konnen Misye, sa se yon vis. Li gen anpil tè, e yo rapòte. Kite yon bèt tounen wa lòt bèt, epi yo va mete ganmèl li nan salamanje[87] Wa. Se yon jako, men kòm mwen di, li se gwo pwopriyetè labou.

Òzrik : Ekselans doudous, si Majeste ou te lib, m ta ba ou yon kominikasyon Wa a voye ba ou.

Hamlèt : M a resevwa li, Mesye, avèk tout anpresman lespri m kapab resevwa l. Anplwaye chapo ou la pou rezon l te fèt la : se pou tèt li fèt.

Òzrik : M remèsye ou, Ekselans, li fè trè cho.

Hamlèt : Non, kwè mwen, li fè frèt anpil; van an ap soti bò Nò.

Òzrik : Li ou tijan fè frèt vre, wi, Ekselans.

Hamlèt : Men, epoutan, pou tanperaman pa mwen, li sanble li fè cho ase pou toufe.

Òzrik : Anpil anpil, Ekselans ; li trè cho, nan yon manyè, m pa ka di poukisa. Men, Ekselans, Majeste a mande m pou m endike ou li fè yon gwo paryaj sou ou. Men jan bagay la ye, Mesye.

Hamlèt : Sonje non, tanpri.

(Hamlèt pouse l pou l met chapo li)

Òzrik : Non, bon Ekselans mwen, se konsa m alèz, vrèman. Mesye, genyen Leyètis ki fèk retounen nan chato wayal la ; kwè mwen, se yon jenòm lasosyete nèt-nèt, ki plen ak yon pakèt don ki distenge l, moun ki gen trè bon manyè, ak anpil bèl aparans nòb. Se vre, wi, pou pale de li avèk konprann, li se kat, oswa almanak lasosyete a nèt ; paske ou a jwenn li posede tout kalite yon jenòm lasosyete espere li dwe wè nan yon lòt.

Hamlèt : Mesye, definisyon l pa pèdi anyen nan men ou ditou ; malgre m konnen, pou divize l pou sa fè envantè li, va fè memwa a gen vètij nan kalkil li, e l a rive fè alevini sèlman an rapò a evalyasyon gwo chay yon vwalye konsa ki si fen. Men, pou rete nan verite lwanj lan, m pran li pou yon nanm ki gen anpil valè, e karaktè ki nan nannan l la tèlman divès ak tèlman ra, pou di laverite sou li, pou jwenn parèy li se pou gade nan miwa li. E nenpòt moun ki t a vle fè pòtre li se lonbray li sèlman li va trase.

Òzrik : Majeste ou pale de li san okenn fòt nèt.

Hamlèt : Ki rapò tout bagay sa yo genyen, Mesye ? Poukisa n ap vlope jenòm nan nan mo nou ki pa fè l lajistis yo ?

Òzrik : Mesye ?

Horesyo : *(Adrese Hamlèt apa.)* Èske se pa posib pou fè moun konprann nan yon lòt lang ? Ou va rive fè l wi, vrèman, Mesye.

Hamlèt : Ki rapò nonmen non jenòm nan genyen ?

Òzrik : Non Leyètis ?

Horesyo : *(Apa.)* Bous li vid deja. Li depanse tout mo dore l yo.

Hamlèt : Limenm, Mesye.

Òzrik : M konnen ou pa iyore-

Hamlèt : M ta prefere ou konnen n, Mesye ; epoutan, anverite, si se konsa ou te jije m, sa pa t ap rapòte m anyen. Enben, Mesye ?

Òzrik : Ou pa iyore ekselans Leyètis nan ?

Hamlèt : M pa oze avwe sa, pase se t a konpare ekselans li avèk pa m ; men pou jije yon lòt moun, fò ou konnen tèt ou nèt.

Òzrik : M vle di, Mesye, nan zam li ; nan repitasyon l genyen nan domèn sa a, nan merit li, li pa gen parèy.

Hamlèt : Kisa ki zam li ?

Òzrik : Epe ak ponya.

Hamlèt : Se de nan zam li yo—men, enben.

Òzrik : Wa a, Mesye, parye ak li sis cheval Babari, kont ki, Leyètis, yo di mwen, poze paryaj sis epe Fransè a-detranchan, ak sis ponya, avèk monti yo, senti yo, bandoulyè yo, elatriye. Twa nan pòtaj yo, vrèman, sizle avèk bon gou, adapte nèt, nèt a ponyèt moun ; yon travay ki delika anpil, e ak fòm ki trè byen reflechi.

Hamlèt : Kisa ou rele pòtaj yo ?

Horesyo : *(Li adrese Hamlèt apa.)* M te konnen ou pa t ap lage li anvan esplikasyon li yo enstwui ou.

Òzrik : Pòtaj yo, Mesye, se fouwo pou rakwoche yo an.

Hamlèt : Ekspresyon an t a gen plis rapò a sijè a si nou te kapab pote yon kanno sou kote nou. Annatandan an nou kontante nou pou n rele yo bagay pou yo pann yo. Men, an n kontinye ! Sis cheval Babari, kont sis epe Fransè, monti yo, ak twa pòtaj ak fòm byen reflechi : se paryaj Fransè kont Dànwa. E poukisa yo poze paryaj la, jan ou rele l la ?

Òzrik : Wa a, Mesye, parye, nan yon douzèn pas ant oumenm ak li, li p ap depase ou plis pase twa kou ; li

Hamlèt

parye douz pou nèf, e konkou a va deside menm lè a, si Majeste ou te aksepte reponn defi a.

Hamlèt : Kijan si m reponn defi a ?

Òzrik : M vle di, Ekselans, si ou vle mete tèt ou a leprèv kòm opozan li.

Hamlèt : Mesye, m pral pwonmnen nan sal la. Si sa fè Majeste li plezi, se lè pou m detann mwen. Kite yo pote epe yo, si jenòm nan vle, e si Wa a pèsiste nan paryaj li a, m va gaye pou li si m kapab ; sinon, sa p ap rapòte m anyen sòf wonte mwen ak kèlke bòt.

Òzrik : Èske se pou m remèt repons ou an konsa ?

Hamlèt : Nan sans sila a, Mesye, apre nenpòt dekorasyon nati ou vle ajoute sou li.

Òzrik : M ba ou redevans mwen, Ekselans.

Hamlèt : Bay oumenm, bay oumenm. *(Òzrik soti.)* Li ta fè mye si l te remèt li bay tèt li. Sinon p ap gen lòt lang pou l fè travay li.

Horesyo : Volay sila a kouri ale ak po-ze[88] l sou tèt li.

Hamlèt : Li te obsève lareverans anvè manmèl li anvan l tete l. Tankou anpil lòt mwen konnen ki soti nan menm pòte a, limenm tou li renmen bagay ki san valè, li limite tan li nan obzève koutim sèjousi yo avèk aparans lasosyete ki alamòd yo, yon espès de kim ki gonfle monte alatèt opinyon ki pi vante ak pi vannen yo, e ki, si ou annik soufle sèlman sou yo pou mete yo a leprèv, boul kim yo pete.

(Yon Ofisyèl antre)

Ofisyèl la : Ekselans, Majeste a te voye komisyon ba ou pa entèmedyè Jèn Òzrik, ki rapòte di li ou ap rettann li nan sal la. Li voye mande ou si sa fè ou plezi toujou pou jwe koulye a ak Leyètis oswa si ou ap ret tann ankò.

Hamlèt : M kenbe menm rezolisyon an ; sa depann de volonte Wa a. Si moun li chwazi a reponn, m pare tou, koulye a, oswa nenpòt kèl lòt lè, depi m kapab lè a, jan m kapab kounye la a.

Ofisyèl la : Wa a ak Rèn nan, ansanm ak tout lòt yo ap desann vini.

Hamlèt : Y ap vin bon lè.

Ofisyèl la : Rèn nan t a renmen wè ou pale ak Leyètis avèk jantiyès anvan ou kòmanse jwe.

Hamlèt : Sa l di m fè a li bon.

(Ofisyèl la soti)

Horesyo : Ou va pèdi paryaj sa a, Ekselans.

Hamlèt : M pa kwè sa. Depi l al an Frans lan, m ap ekzèse tout tan ; m va gaye avèk avantaj li ban mwen an. Men ou p ap konnen jan tout bagay fè m mal isit la a, nan kè mwen. Men sa pa fè anyen.

Horesyo : Non, bon Ekselans mwen.

Hamlèt : Sa se rans sèlman ; men se yon sòt de presantiman ki t a kab, petèt, anbete yon fi.

Horesyo : Si lespri ou genyen okenn bagay li pa renmen, obeyi li. M pral rete yo nan wout pou yo pa vin isit la, epi di yo ou pa pare.

Hamlèt : Pa ditou ; nou brave preyavi. Gen yon Lapwovidans espesyal lè yon tikit tonbe. Si l se pou kounye a, li p ap pou demen ; si l se pou demen, li p ap pou kounye

a. Tout bagay la se nan pare a. Kòm pèsonn moun pa mèt anyen li kite dèyè, sa sa fè ki lè li kite ? Lese sa la.

(Wa a, Rèn nan, Leyètis, Òzrik, ofisyèl yo, antre avèk lòt sèvitè ki pote epe ak gan. Genyen yon tab avèk flakon diven sou li)

Wa a : Vini, Hamlèt, vini, epi pran men sa a nan men mwen.

(Li mete men Leyètis nan men Hamlèt)

Hamlèt : M mande ou eskiz, Mesye. Mwen aji mal avèk ou. Men padone m paske ou se yon jenòm debyen. Moun ki prezan isit yo konnen, e ou dwe te tande jan m gen yon tèt-distrè k ap bat mwen. Bagay mwen te fè ki te kapab irite karaktè ou, onè ou, e ki te kab fè rankin ou chofe, mwen pwoklame isit la yo te akòz de foli. Èske se te Hamlèt ki te fè Leyètis ditò ? Se pa ta janm Hamlèt. Si Hamlèt pèdi bonsans li, e pandan l pa konnen kimoun li ye, li fè Leyètis yon bagay ki mal, konsa se pa Hamlèt ki fè li ; Hamlèt nye li. Kilès moun ki fè l, atò ? Tèt-pati li a. Si se konsa, Hamlèt pami moun yo fè ditò yo ; foli li a se enmi pòv Hamlèt. Mesye, isit la, nan prezans moun ki la yo, kite nye m nye okenn move bi a akite m omwen nan panse ou ki jenere a, dèske m tire flèch mwen sou tèt kay la epi mwen blese frè mwen.

Leyètis : Mwen satisfè nan kè mwen, paske se santiman sa yo ki, nan ka sa a, te plis ap pouse m pou m pran revanj. Men, an rapò a onè, m rete aleka, e m pa vle fè okenn lapè toutotan kèk abit ki aje, ki gen bon repitasyon pou onè yo, ban mwen otorite, daprè jan sa konn abitye fèt, pou m fè lapè, dekwa pou non mwen pa nan salte. Men, annatandan, mwen aksepte amitye ou ofri m nan avèk amitye, e mwen p ap abize l.

Hamlèt : Mwen akeyi li san rezèv ; e m a angaje ak franchiz nan paryaj ant frè sila a. Ban nou epe yo. An nou wè.

Leyètis : Annavan, ban m youn.

Hamlèt : M pral yon machòkèt devan ou, Leyètis. Devan iyorans mwen, talan ou va klere tankou yon zetwal, lannwit nan fènwa, ki pwojte kouwè dife vrèman.

Leyètis : Ou ap pase m nan betiz, Mesye.

Hamlèt : Non, m jire ou.

Wa a : Ba yo epe yo, Jèn Òzrik. Kouzen Hamlèt, ou konnen paryaj la ?

Hamlèt : Trè byen, Ekselans. Majeste ou parye anpil sou pati ki pi fèb la.

Wa a : M pa gen krent pou sa. M obzève nou toulède. Men kòm li amelyore, konsa avantaj la pou nou.

Leyètis : Sila a twò lou ; ban m wè yon lòt.

Hamlèt : M renmen sila a anpil. Epe sa yo tout gen menm longè ?

(Yo prepare pou yo jwe)

Òzrik : Wi, bon Ekselans mwen.

Wa a : Depoze flakon diven yo sou tab sa a pou mwen. Si Hamlèt bay premye oswa dezyèm kou a, oswa li remèt Leyètis kou l yo nan twazyèm pas la, kite tout fò yo tire kanno yo. Wa a va bwè alasante Hamlèt. E l a voye yon gwo pèl nan tas la ki gen plis valè pase sa kat Wa Dànmak, youn dèyè lòt, te pote nan kouwòn yo. Ban m tas yo ; e kite tanbou a pale ak twonpèt la, twonpèt la ak moun ki tire kanno deyò a, kanno yo ak syèl la ; syèl la ak latè a

Hamlèt

pou di : « Kounye a Wa a ap bwè pou Hamlèt. » Annouwè, kòmanse. E noumenm, jij yo, kenbe zye nou vijilan.

Hamlèt : Annavan, Mesye.

Leyètis : An nou wè, Ekselans mwen.

(Yo jwe)

Hamlèt : Youn.

Leyètis : Non.

Hamlèt : Jijman !

Òzrik : Yon kou, yon bon kou vre.

Leyètis : Byen, ankò !

Wa a : Rete ; ban m yon vè. Hamlèt, pèl sila se pou ou ; men a lasante ou.

(Tanbou, twonpèt sonnen; yo tande yon kanno tire)

Ba li tas la.

Hamlèt : M ap jwe pati sa a anvan ; depoze li yon moman. An n ale. *(Yo jwe.)* Yon lòt kou. Sa ou di ?

Leyètis : Yon kou, yon kou ; mwen admèt li.

Wa a : Pitit nou an ap gaye.

Rèn nan : Li gra, e l ap pèdi souf li. Men, Hamlèt, pran mouchwa m nan ; esiye fwon ou. Rèn nan ap bwè pou siksè ou, Hamlèt.

Hamlèt : Chè Dam!

Wa a : Jètrid, pinga ou bwè.

Rèn nan : M ap bwè, Ekselans. Tanpri, eskize m.

(Li bwè)

Hamlèt

Wa a : *(Apa.)* Se tas ki anpwazonnen an ; li twò ta.

Hamlèt : M p ap oze bwè koulye la a ; toutalè.

Rèn nan : Vini; kite m siye figi ou.

Leyètis : Ekselans, m pral touche l koulye la a.

Wa a : M pa kwè sa.

Leyètis : *(Apa.)* E malgre sa, se prèske kont konsyans mwen.

Hamlèt : Vini pou twazyèm nan, Leyètis ! Se tan ou ap gaspiye ; m priye ou pou fè pas ou ki pi vyolan an. M kwè se jwèt ou ap fè ak mwen.

Leyètis : Se sa ou di ? An nou wè.

Òzrik : Anyen ni bò isit ni bò lòt bò.

Leyètis : Men pou ou koulye a !

(Leyètis blese Hamlèt. Epi nan makonnen ansanm yo yo chanje epe. Epi Hamlèt blese Leyètis)

Wa a : Separe yo. Yo ankòlè.

Hamlèt : Non vini ! Ankò !

(Rèn nan tonbe)

Òzrik : Voye je wè sa k pase Rèn nan, la a !

Horesyo : Yo toulède ap senyen. Kijan sa ye, Ekselans mwen ?

Òzrik : Kijan sa ye, Leyètis ?

Leyètis : Enben, tankou yon zwazo ti lòlòj ki pran nan pwòp pyèj li, Òzrik. Se jis pou m mouri akòz de aksyon trèt mwen.

Hamlèt : Kijan Rèn nan ye ?

Wa a : Li endispoze lè li wè yo ap senyen.

Rèn nan : Non, non. Bagay mwen bwè a ; bagay mwen bwè a. O, Hamlèt cheri mwen an ! Bagay mwen bwè a ; bagay mwen bwè a. Yo anpwazonnen m.

(Li mouri)

Hamlèt : O, mechanste ! Hey ! Fè yo take pòt yo. Trayizon ! Chache devwale li.

(Leyètis tonbe)

Leyètis : Li bò isit la, Hamlèt. Hamlèt, ou asasinen. Pa gen okenn remèd nan lemonn ki kab fè ou pyès dibyen. Pa gen yon demiyèdtan ankò nan ou pou viv. Enstriman trèt la li nan men ou, anpwazonnen, ak plen venen. Move kou a retounen sou mwen. Gade, m kouche la a, m p ap janm leve ankò. Manman ou anpwazonnen. M pa kapab ankò. Wa a, se Wa a ki responsab.

Hamlèt : Pwent la anpwazonnen tou ? Enben, venen, fè travay ou !

(Li blese Wa a)

Tout moun yo : Trayizon ! Trayizon !

Wa a : Defann mwen ankò, mezanmi ! Se blese m blese sèlman.

Hamlèt : Men, oumenm vye ras-kabrit, asasen, Dànwa madichonnen, bwè posyon anpwazonnen sa a ! Èske pèl ou a anndan sa a ? Suiv manman m.

(Wa a mouri)

Leyètis : Se jis pou yo sèvi l sa l merite. Se yon pwazon li prepare limenm. Twoke padon ak mwen, Hamlèt moun nòb. Lanmò m ak lanmò papa m pa tonbe sou do ou ; ni lanmò pa ou sou pa mwen !

(Li mouri)

Hamlèt : M mande pou syèl la libere ou anba li ! M ap suiv ou. M mouri, Horesyo. Rèn mizerab, orevwa ! Noumenm ki parèt blèm e k ap tranble devan espektak sila a, ki bèbè oswa espektatè zak sila a sèlman, si m te gen tan ase (kòm sèjan sila a, lanmò, sevè nan fè arestasyon li). O, m t a ka di nou. Men kite sa. Horesyo, m mouri ; oumenm ou ap viv. Esplike mwen ak rezon m yo bay moun ki pa konnen yo an.

Horesyo : Pa espere sa. M plis yon Ansyen Women pase yon Dànwa. Men yon ti likè ki rete toujou.

Hamlèt : Si ou se gason, ban m tas la. Lage li ! Onon de syèl la, m ap pran li. O, Horesyo bon moun mwen, ala yon move non (jan bagay yo ye kounye la a san nou pa konnen yo) k a viv dèyè mwen, en ! Si jamè ou te gen afeksyon pou mwen nan kè ou, ekzante bonè syèl la toujou, e respire avèk doulè nan monn kriyèl sila a pou rakonte istwa mwen.

(Yo tande yon ochan militè delwen,
ak yon bri tire anndan an)

Ki bri lagè sila a ?

Òzrik : Se Jèn Fòtennbras, ki rive an venkè soti an Polòn, e k ap salye anbasadè Angletè yo avèk salitasyon lagè sila a.

Hamlèt : O, m ap mouri, Horesyo ! Pwazon vyolan an ap koupe souf mwen nèt. M pa ka viv pou m tande nouvèl ki soti ann Angletè a ; men, mwen predi eleksyon an ap tonbe sou Fòtennbras. Li gen vwa mwen k ap mouri a. Konsa di li, avèk detay ou, plizoumwen, sa ki pwovoke— rès la se silans.

(Li mouri)

Horesyo : Men yon kè nòb k ap kase. Bòn nwit, Prens cheri. E se pou gwoup zanj k ap vole yo chante pou akonpaye ou nan repo ou.

(Ochan militè anndan an)

Poukisa tanbou a vin anndan an ?

(Fòtennbras antre avèk anbasadè Angletè a, avèk tanbou, drapo, ak ofisyèl yo)

Fòtennbras : Ki kalite espektak sila a ?

Horesyo : Kisa ou t a renmen wè ? Si se malè oswa yon ak estwòdinè, ou mèt sispann chache.

Fòtennbras : Pil moun mouri sila a anonse yon masak san kontwòl. O, Lanmò ògeye, ki kalite fèt w ap prepare nan prizon etènèl ou an ki fè ou frape tout pakèt Prens sila yo ak yon sèl kou sanginè ?

Anbasadè a : Espektak sa a makab. Epi depèch nou yo ki soti ann Angletè a rive twò ta. Zòrèy ki pou t a tande n pou n di l lòd li yo akonpli a, epi Wozennkrents ak Gildennstèn mouri a, pa an vi. Ki kote pou remèsiman nou soti ?

Horesyo : Pa nan bouch li menm si l te gen fòs lavi pou l remèsye ou. Li pa t janm bay lòd pou tiye yo. Men, kòm nou tonbe ekzakteman nan mitan kriz sanginè sila a, oumenm ki soti nan lagè an Polòn, oumenm ki soti ann Angletè, ki rive isit la, bay lòd pou ekspoze kadav sa yo sou yon estrad wo pou tout moun wè. Epi kite m di moun ki poko konnen deja yo kijan bagay sa yo rive. Se atò n a tande aksyon chanèl, sanginè, ak kont nati ; jijman temerè, asasina san rezon ; lanmò ki rive akòz zak pèfid ak rezon fòse, epi nan dewoulman sila a, konplo mal taye ki tonbe sou tèt moun ki fè yo an. Tout bagay sa yo m k a rakonte nou toutbonvre.

Fòtennbras : An n prese tande l ; epi rele moun ki pi nòb yo pou yo vin koute. Pou mwenmenm, se avèk lapenn m aksepte bonè mwen. M pa bliye m genyen kèk dwa sou wayòm sila a sa enterè m envite m pou mande koulye la a.

Horesyo : Bi mwen pral pou m pale sou sa tou onon de yon moun, vwa li, pral antrene yon pakèt lòt pou bay akò yo. Men kite nou pran aksyon kounye la a sou sa, menm tout pandan lespri lèzòm sezi toujou, dekwa pou plis malchans akòz de konplo ak erè pa rive.

Fòtennbras : Kite kat kapitèn pote Hamlèt tankou yon sòlda sou estrad la ; paske se pwobab li t a, si yo te mete l a leprèv, kapab vini yon gran Wa. E pou pasaj li kite ochan militè ak seremoni lagè pale fò pou li. Ranmase kò yo. Yon espektak konsa se bagay ki fèt pou moun wè sou chan batay, men isit la, li pa ale. Ale, di sòlda yo tire.

*(Yo mache soti an fòmasyon; aprekwa
yon kout zam tire fò)*

Nòt

87. Salamanje : Si yon bèt gen ase lajan, yo va kite l antre nan salamanje yon Wa.
88. Po-ze : Sa gen rapò a chapo Òzrik mete sou tèt li a—tankou yon zwazo ki fèk kouve ki kouri ak po-ze a sou tèt li.

Profil otè a

Nicole Titus se yon ekriven ak atis ayisyèn ki fèt nan Pòtoprens, Ayiti. Nan adolesans li li imigre nan Nouyòk, kote li resevwa edikasyon segondè ak inivèsitè li. Dènye liv li se *Platon : Apoloji / Krito / Fedo* (tradiksyon an kreyòl ayisyen, Edisyon Trilingual Press, 2012). Madam Titus se otè tou, *Akin To No One,* yon roman sosyal ki dewoule ann Ayiti, e ki te anplwaye pou anseye jistis sosyal nan inivèsite. Li ekri yon pyès psikolojik tou, *The Prisoner of Jacmel.* Nicole Titus ekri ann anglè ak an kreyòl ayisyen. Apa tradiksyon Platon li sa a, li tradui anpil lòt dokiman ak diskou selèb. Madam Titus gen yon Bachelye ak yon Metriz nan anglè.

Tablo kontni

Avanpwopo.................................1
Nòt traditktè a.............................5

Ak I...................................15
   Sèn I..................................15
   Sèn II.................................22
   Sèn III................................32
   Sèn IV.................................37
   Sèn V..................................41

Ak II..................................49
   Sèn I..................................49
   Sèn II.................................54

Ak III.................................77
   Sèn I..................................77
   Sèn II.................................84
   Sèn III...............................101
   Sèn V.................................105

Ak IV.................................113
   Sèn I.................................113
   Sèn II................................115
   Sèn III...............................117
   Sèn IV................................120
   Sèn V.................................123
   Sèn VI................................133
   Sèn VII...............................135

Ak V..................................143
   Sèn I.................................143
   Sèn II................................156

Lòt piblikasyon nan Près Trileng
Autres parutions dans Presse Trilingue
Other releases by Trilingual Press

Franck Laraque
L'instrumentalisation de la pensée révolutionnaire
[Essais en trois langues, 552 pages, juillet 2014]

Ewald Delva
Adeelina
[Woman an kreyòl ayisyen, 194 paj, jen 2014]

Fred Edson Lafortune
An n al Lazil
[Koleksyon powèm ann ayisyen, 116 paj, me 2014]

Anne-Marie Bourand Wolff
La colline des adieux
[roman, 220 pages, janvier 2014]

Cheo Jeffery Allen Solder
One4deBrovahs
[Essays, 150 pages, December 2013]

Charlot Lucien
La tentation de l'autre rive / Tantasyon latravèse
[poèmes, 116 pages, oktòb 2013]

Tontongi
In the Beast's Alley
[Poems 210 pages, October 2013]

Georges Jean-Charles
Jacques Stéphen Alexis, romancier de Compère Général Soleil
[Essais 364 pages, mars 2013]

Patrick Sylvain
Masuife
[Koleksyon powèm, 100 pages, mas 2013]

Nicole Titus
Plato / Platon : Apology, Crito, Phaedo / Apoloji, Kriti, Fedo
[Translation/Tradiksyon, 100 pages, desanm/December 2012]

Dumafis Lafontan
Krik ? Krak ! Dèyè Mòn Gen Mòn / Mountains Behind Mountains
[Bilingual collection of poems, 134 pages, Desanm/ December 2012]

Frantz-Antoine Leconte
René Depestre : du chaos à la cohérence
Contributeurs : Robenson Bernard, Etienne Télémarque, Bernadette Carré Crosley, Eddy Magloire, Amy J. Ransom, Clément Mbom, Sarah Juliet Lauro, Cauvin Paul, Silvia U. Baage et Léon-François Hoffman. [Anthologie d'essais, 354 pages, 2012]

Tontongi and Jill Netchinsky
The Anthology of Liberation Poetry
Contributors : Joselyn M. Almeida, Ali Al-Sabbagh, Marc Arena, Soul Brown, Richard Cambridge, Neil

Callender, Berthony Dupont Martín Espada, L'Mercie Frazier Patricia Frisella, Regie O'Hare Gibson, Marc D. Goldfinger, Calvin Hicks, Gary Hicks, Jack Hirschman, Everett Hoagland, Paul Laraque, Daniel Laurent, Denizé Lauture, Danielle Legros Georges, Tony Medina, Jill Netchinsky-Toussaint, Tanya Pérez-Brennan, Thomas Phillips, Ashley Rose Salomon, Margie Shaheed, Cheo Jeffery Allen Solder, Patrick Sylvain, Aldo Tambellini, Tontongi, Askia M. Touré, Tony Menelik Van Der Meer, Frantz "Kiki" Wainwright, Brenda Walcott, Anna Wexler, and Richard Wilhelm. [Anthology of poems, 320 pages, January 2010]

Tontongi
Poetica Agwe
Essays, Poems and Testimonials on Resistance, Peace, and the Ideal of Being / Esè, powèm e temwayaj sou rezistans, lapè e ideyal nanm nou / Essais, poèmes et témoignages sur la résistance, la paix et l'idéal d'être [A trilingual edition / Yon edisyon an twa lang / Une édition trilingue [420 pages, 2011]

Dumas F. Lafontant
After the Dust Settles
[Bilingual collection of poems / Koleksyon powèm bileng (English-Ayisyen), 136 pages, Fall 2010]

Marie-Thérèse Labossière Thomas
Clerise of Haiti
[Novel, 378 pages, 2010]

Dr. Vinod A. Mittal
Low Back Pain And Low Back Care

An edition in five languages (English, Hindi, Spanish, Haitian, and Portuguese)
Contributors : Priti V. Mittal, Altagracia P. Mayers, Idi Jawarakim, Patricia B.P. Dos Santos.
[Medical advice, 82 pages, 2009]

Franck Laraque

Paul Laraque : Éclaireur de l'aube nouvelle
Contributeurs : Josaphat-Robert Large, Frantz-Antoine Leconte, Hughes St-Fort, Max Manigat, Frantz Latour, Jean Métellus, Jean Prophète, René Depestre, Robert Garoute, Gérard Pétrus, Claude Pierre, Elie Leblanc, Jr., Gary Klang, Karèn Bogat, Georges Jean Charles, Denizé Lauture, Clotaire Saint-Natus, Lochard Noël, Serge François, Berthony Dupont, Papados, Jean André Constant, Danielle Laraque Arena, Jack Hirschman, Michele Laraque, Marc Anthony Arena, Hatuey Laraque Two Elk, Ashley Laraque, Max Schwartz, Prosper Sylvain, Jr., Gabrielle Vimer, Anthony Phelps, Rodney Saint-Eloi, Gérard Etienne, Eddy Mésidor, Emmanuel Gilles, Frantz Ludeke, Fritz Clermont, Camille Gauthier, Kern Delince, Raymond Chassagne, Jean Gateau, Jean Claude Valbrun, Tontongi, Jean Mapou, Roger Savain, Michel-Ange Hyppolite. [Essais, 180 pages, été 2009]

Tontongi

Voices of the Sun : The Anthology of Haitian Writers Published in the Review Tanbou / Les Voix du Soleil : Anthologie des écrivains haïtiens publiés dans la revue Tanbou / Vwa Solèy pale : antoloji ekriven ayisyen pibliye nan revi Tanbou
Contributeurs/Kontribitè/Contributors : Paul Laraque, Tontongi (Eddy Toussaint), Hugues St. Fort, Papadòs (Fritz Dossous), Jean-André Constant, Berthony

Dupont, Marc Arena, Doumafis Lafontan, Nounous (Lenous Surprice), Yvon Joseph, Patrick Louis, Edner Saint-Amour, Charlot Lucien, Emmanuel Védrine, André Fouad, Rodelaire Octavius, Janvier Lesly Junior, Bobby Paul, Jean Saint-Vil, Franck Laraque, Jack Hirschman, Lee Chance, Glodel Mezilas, Melissa Beauvery, Cathy Delaleu, Jean-Dany Joachim, Roberto Strongman, Guamacice Délice, Huguens Louis-Pierre, Vilvalex Calice, Elsie Suréna, Denise Bernhardt, Duccha (Duckens Charitable), Suzy Magloire-Sicard, Michel-Ange Hypopolite, Patrick Sylvain, Barbara Victome, Jeanie Bogart, Gary Daniel, Johnny Bélizaire, Denizé Lauture, Fred Edson Lafortune, Jamie Moon, Pierre-Roland Bain, Idi Jawarakim, Danielle Legros-Georges, Edwald Delva, Oreste Joseph, Serge-Claude Valmé, Doug Tanoury, Prosper "Makendal" Sylvain, Jr., Brian Sangudi, Anna Wexler, Marilène Phipps. Photos and paintings by / photos et peintures par / foto ak tablo pa : David Henry, Michel Doret, Don Gurewitz, Marilène Phipps, Blondèl Joseph. [Poèmes et essais trilingues, 404 pages, septanm 2007]

Tontongi with the Liberation Poetry Collective
Poets Against the Killing Fields
Contributors : Askia Touré, Aldo Tambellini, Brenda Walcott, Jill Netchinsky, Joselyn Almeida, Neil Calender, Tontongi, Anna Wexler, Gary Hicks and Tony Medina. [Anthology of poems, 170 pages, September 2007]

Paul Germain
Love and Other Poems by Haitian Youths
Contributors : Bernadin Bastien, Célemme Biennestin, Evens Ciméa, Erlia Dessin, Elie Fortuné, Paul E. Germain, Samson Germain, Gustave Neslyn Josh, Judeline

Jean Baptiste, Sandra Lamontagne, Remylus Losius, Rubens Maisonneuve, Mario Morency, Ruth Norvilus, Jonas Saint-Aubin, Emmanuel W. Védrine, Farah Paul, Wilguens Sainterling, Ebed Sainterling, Gems Dorvil, Charles Jean-Baptiste, Fabrice Mont-Louis. [Trilingual anthology of poems, 80 pages, July 2004]

Denizé Lauture
Madichon Sanba : Dlo nan Sensè a
[Koleksyon powèm, me 2003]

Liv k'ap prepare
Livres en préparation
Books in preparation (2014–2015)

Tontongi
Sèl pou dezonbifye Bouki
[Koleksyon esè ann ayisyen, 210 paj, oktòb 2014]

Denizé Lauture
Les dards empoisonnée
[Poèmes en français, 100 pages, janvier, 2015]

Georges Jean-Charles
L'Analyse des Arbres Musiciens
[Essai d'analyse du roman de Jacques Stéphen Alexis, français, 400 pages, mars 2015]

www.ingramcontent.com/pod-product-compliance
Lightning Source LLC
Chambersburg PA
CBHW071203160426
43196CB00011B/2175